百部青少年爱国主义教育读本

学习雷锋好榜样

——雷锋精神小学读本

京　蕾◎主编

雷·锋·读·本·系·列 ★

团结出版社

图书在版编目（CIP）数据

学习雷锋好榜样 / 京蕾主编. —北京：团结出版社，2013.2（2021.6 重印）
（百部青少年爱国主义教育读本. 雷锋读本系列）
ISBN 978-7-5126-1522-9

Ⅰ. ①学… Ⅱ. ①京… Ⅲ. ①爱国主义教育－中国－青年读物②爱国主义教育－中国－少年读物 Ⅳ. ①D647-49

中国版本图书馆 CIP 数据核字（2013）第 023706 号

雷锋读本系列·学习雷锋好榜样

出　版：团结出版社
（北京市东城区东皇城根南街 84 号　邮编：100006）
电　话：（010）65228880　65244790
E-mail：65244790@163.com
经　销：全国新华书店
印　制：三河市信达兴印刷有限公司

开　本：710×1000 毫米　1/16
印　张：8
字　数：80 千字
版　次：2013 年 2 月　第 1 版
印　次：2021 年 6 月　第 2 次印刷

书　号：ISBN 978-7-5126-1522-9
定　价：26.00 元

写在“百部青少年爱国主义教育读本”书前

中国人民大学中共党史系主任、博士生导师
中 国 中 共 党 史 人 物 研 究 会 副 会 长 **杨凤城**

十年树木，百年树人。

对青少年进行爱国主义教育需要从长计议。今天的信息技术还在高速发展中，传播速度极为惊人，世界范围内的各种思想文化在人们的精神世界中相互激荡碰撞。弘扬和培育以爱国主义为核心的民族精神，是国民教育的重要任务，务必在精神文明建设过程中一以贯之，不容忽视，更不得有一丝松懈。

大处着眼，一个民族的精神必须适应时代发展的潮流，跟得上历史进程的趋势。小处着手，爱国主义教育尤其是对青少年的爱国主义教育工作，务必落实下来，落到实处，并且需要一个饶有兴味的形式呈现出来。惟其如此，爱国主义的精神气脉才能入乎眼耳，存乎心胸，真正成为个体生命的一部分。

中国人民百年来反对外来侵略和压迫，反抗腐朽统治，争取民族独立和解放，前赴后继，浴血奋斗的精神和业绩，可谓感天动地；中国共产党领导全国人民为建立新中国而英勇奋斗的崇高精神和光辉业绩，可与日月同辉。中国历史上尤其是中国近现代史上涌现出的著名爱国者、民族英雄、革命先烈和杰出人物，以及新中国成立以后涌现出的许许多多的英雄模范人物，他们是青少年爱国主义教育中最新鲜、最活泼、最具说服力的素材。

因此，对青少年推进行之有效的爱国主义教育，要突出和加强中国近现代史，尤其是中国共产党诞生之后的革命主题和红色主旋律的宣传。

“百部青少年爱国主义教育读本”系列丛书，以“弘扬红色主旋律”、“结合现实问题”为原则进行编写，紧紧围绕爱国主义教育的核心价值体系——爱党、爱祖国、爱社会主义，从历史到现实，从物质文明到精神文明，从自然风光到物产资源，对最广大的青少年进行丰富多彩、生动活泼的爱国主义教育，可谓正当其时，难能可贵。

眼前的系列读本，不禁让人眼前一亮，心生喜悦。编著者极力求其“真”——尊重史实的前提下，用生动活泼的语言讲述一个个真实可感的故事；尽力得其“趣”——饱含深情的语句让人物、事件在书中“活”了起来，“动”了起来，革命前辈的精神气息、信念品格扑面而来，感染着我们，感动着我们；竭力求其“美”——体例结构精心设计，又有大量珍贵历史图片资料作为辅助，更符合青少年的阅读习惯。一项项尽心尽力的创意和编辑工作，充分保证了这一系列读本的阅读价值。

寄望能通过快乐的阅读、有效的阅读，让孩子们的心灵之镜更明亮，让年轻一代的精神家园更加美好！

是为序。

2012 年 9 月 26 日

目录

Contents >>>

zhè jiù shì léi fēng
这就是雷锋

yī yī gè píng fán ér wěi dà de zhàn shì
一、一个平凡而伟大的战士

nián dōng tiān léi fēng chū shēng zài hú nán yī gè běn fēn
1940年冬天，雷锋出生在湖南一个本分
de nóng mín jiā tíng jiě fàng qián léi fēng yī jiā rén guò zhe jiān xīn
的农民家庭。解放前，雷锋一家人过着艰辛
de rì zǐ
的日子。

bù xìng de shì fā shēng le léi fēng zài liǎng nián jiān shī qù le
不幸的事发生了，雷锋在两年间失去了
suǒ yǒu de qīn rén duì nián yòu de tā lái shuō zhè yàng de bēi tòng
所有的亲人，对年幼的他来说，这样的悲痛
shì wú fǎ xíng róng de chéng le gū ér de léi fēng zhǐ néng zì jǐ
是无法形容的。成了孤儿的雷锋，只能自己
xiǎng bàn fǎ shēng huó
想办法生活。

jiě fàng yǐ hòu léi fēng guò shàng le hǎo rì zi shì dǎng hé
解放以后，雷锋过上了好日子。是党和
rén mín jiě jiù le tā gěi liǎo tā wēn nuǎn gǎi biàn le tā de mìng
人民解救了他，给了他温暖，改变了他的命
yùn cóng nà yǐ hòu léi fēng de xīn zhōng chōng mǎn le duì dǎng
运。从那以后，雷锋的心中充满了对党、
duì rén mín duì zǔ guó de wú xiàn gǎn jī
对人民、对祖国的无限感激。

cháng dà yǐ hòu léi fēng zhōng yú kě yǐ yòng zì jǐ de xíng
长大以后，雷锋终于可以用自己的行
dòng huí bào rén mín huí bào dǎng tā zài ān gāng zuò guò gōng rén
动回报人民、回报党。他在鞍钢做过工人，
gōng zuò zhōng rèn láo rèn yuàn duō cì bèi píng wèi hóng qí shǒu
工作中任劳任怨，多次被评为“红旗手”、

◎雷锋故居

láo dòng mó fàn xiān jìn shēng chǎn zhě hé shè huì zhǔ yì
“劳动模范”、“先进生产者”和“社会主义

jiàn shè jī jí fèn zǐ
建设积极分子”。

nián chū léi fēng cān jūn rù wǔ zài bù duì zhōng léi
1960年初，雷锋参军入伍。在部队中，雷

fēng chù chù wèi rén mín zhuó xiǎng shí kè bǎ guó jiā de lì yì fàng zài
锋处处为人民着想，时刻把国家的利益放在

shǒu wèi léi fēng céng lì èr děng gōng yī cì sān děng gōng sān
首位。雷锋曾立二等功一次，三等功三

cì tuán yíng jiā jiǎng duō cì bèi píng wèi mó fàn gòng qīng tuán
次，团、营嘉奖多次，被评为“模范共青团

yuán jié yuē biāo bīng tóng shí yě bèi yù wèi máo zhǔ
员”、“节约标兵”。同时，也被誉为“毛主

xí de hǎo zhàn shì
席的好战士”。

rán ér léi fēng máng lù de shēn yǐng què zài nián yuè
然而，雷锋忙碌的身影却在1962年8月

rì nà yī tiān tíng xià lái léi fēng yīn wèi zhàn yǒu de shī wù
15日那一天停下来。雷锋因为战友的失误，

yīn gōng xùn zhí nà yī nián tā zhī yǒu suì
因公殉职。那一年，他只有22岁。

léi fēng lí wǒ men ér qù le tā de xíng xiàng dìng gé wèi
雷锋离我们而去了，他的形象定格为

chuān zhe jūn zhuāng miàn dài wēi xiào de hǎo zhàn shì
穿着军装，面带微笑的好战士。

xiàn zài léi fēng de jīng shén bìng wèi yīn léi fēng de qù shì ér
现在，雷锋的精神并未因雷锋的去世而

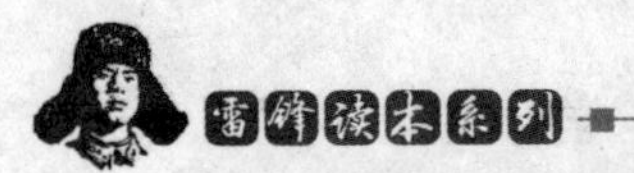

◎2012 年 3 月 2 日－11 日，中国革命军事博物馆举行“不朽的丰碑　永远的榜样——雷锋事迹大型原创摄影作品展。

xiāo shī　tā　yī rán jù yǒu qiáng dà de shēng mìng lì　zǒng shì yǔ shí
消失，它依然具有强大的生命力，总是与时
dài tóng xíng　wèi rén men shù lì　qǐ　yī zuò bù xiǔ de dào dé fēng bēi
代同行，为人们树立起一座不朽的道德丰碑。

èr　ài dú shū　ài xiě zuò
二、爱读书，爱写作

zài kùn nan de rì zǐ lǐ　léi fēng cóng shū jí zhōng xún zhǎo ān
在困难的日子里，雷锋从书籍中寻找安
wèi　méi yǒu shū shì de fáng jiān　méi yǒu zhǎn xīn de yī fu　wéi yī
慰。没有舒适的房间，没有崭新的衣服，唯一

péi bàn zài léi fēng shēn biān de zhǐ yǒu shū fān kàn fàn huáng de shū
陪伴在雷锋身边的，只有书。翻看泛黄的书
yè léi fēng gǎn dào mǎn zú yīn wèi tā kě yǐ zài wù zhì kuì fá de
页，雷锋感到满足，因为他可以在物质匮乏的
rì zǐ lǐ cóng shū zhōng dé dào bǎo guì de jīng shén shí liáng
日子里，从书中得到宝贵的“精神食粮”。

yǒu rén céng jīng wèn léi fēng shéi shì nǐ zuì hǎo de péng
有人曾经问雷锋：“谁是你最好的朋
yǒu léi fēng qiǎn qiǎn de xiào le xiào huí dá dào shū jí
友？”雷锋浅浅地笑了笑，回答道：“书籍”。
tā yǒu yī gè téng tiáo biān zhī de xiāng zi lǐ miàn zhuāng mǎn le
他有一个藤条编织的箱子，里面装满了
shū měi yī běn dū yǒu tā de huí yì měi yī běn dū shì tā de péng
书。每一本都有他的回忆，每一本都是他的朋
yǒu cóng xué xiào dào gōng chǎng zài dào jūn yíng léi fēng shǐ zhōng
友。从学校到工厂，再到军营，雷锋始终
yǐ shū wèi bàn
以书为伴。

cóng shū jí zhōng léi fēng huò qǔ le zhi shi kāi kuò le yǎn
从书籍中，雷锋获取了知识，开阔了眼
jiè tóng shí yě jī fā le tā de chuàng zuò lì tā xiān cóng duǎn
界，同时也激发了他的创作力。他先从短
xiǎo de yǔ jù xiě qǐ léi fēng cháng shì zhe xiě gèng duō de wén tǐ
小的语句写起，雷锋尝试着写更多的文体，
gèng cháng de piān fú màn màn de xiě zuò zhī mèng kāi shǐ zài léi
更长的篇幅。慢慢的，写作之梦开始在雷
fēng de xīn zhōng méng yá kào zhe shū běn de bāng zhù hé zì jǐ de
锋的心中萌芽。靠着书本的帮助和自己的

mō suǒ léi fēng zuò le hěn duō xiàng zhè yàng de xué xí bǐ jì
摸索，雷锋做了很多像这样的学习笔记：

yī shī gē bāo kuò sāo míng fù mín gē gǔ shī jué
一、诗歌包括：骚、铭、赋、民歌、古诗、绝
jù lǜ shī cí sǎn qǔ
句、律诗、词、散曲。

èr mín gē tè diǎn yǔ yán jīng liàn hán yì shēn yuǎn nèi
二、民歌特点：语言精练，含义深远，内
róng fēng fù yā yùn yì yú shàng kǒu yì yú liú chuán
容丰富，押韵，易于上口，易于流传。

sān xíng shì fēn wéi liǎng zhǒng xù shì shī hé shū qíng shī zhè
三、形式分为两种：叙事诗和抒情诗。这
liǎng zhǒng shī de qū bié
两种诗的区别：

xù shì shī shì miáo xiě rén wù de dòng tài xiàn xiàng
1.叙事诗是描写人物的动态现象。

shū qíng shī shì shū fā zuò zhě de qíng gǎn
2.抒情诗是抒发作者的情感。

sì mín gē wén yì shǒu fǎ
四、民歌文艺手法：

duì zhào
1.对照：

rú niú chū lì lái niú chī cǎo dōng jiā chī mǐ wǒ chī kāng
如：牛出力来牛吃草，东家吃米我吃糠。

bǐ yù
2.比喻：

rú yào shuō tiān tiān zuì dà wǒ men de gān jìn bǐ tiān dà
如：要说天，天最大，我们的干劲比天大！

kuā zhāng
3.夸张：

rú mèng jiāng nǚ kū dǎo wàn lǐ cháng chéng
如：孟姜女哭倒万里长城。

xì xīn de léi fēng bǎ suǒ xué suǒ xiǎng zǒng jié qǐ lái ràng zì jǐ yǔ mèng xiǎng gèng jìn le yī diǎn
细心的雷锋把所学所想总结起来，让自己与梦想更近了一点。

nián de chūn tiān léi fēng zhǔ dòng bào míng cān jiā le zhì lǐ wéi shuǐ hé de gōng chéng nà shì yī chǎng rén yǔ hú de jiào liàng láo dòng de rè qíng yǔ jiàn shè de qíng jǐng jiāo zhī zài yī qǐ léi fēng bǎ yǎn qián de jǐng xiàng huà zuò wén zì xiě xià yī shǒu gǎn rén de shī
1958年的春天，雷锋主动报名参加了治理沩水河的工程。那是一场“人”与“湖”的较量。劳动的热情与建设的情景交织在一起，雷锋把眼前的景象化作文字，写下一首感人的诗：

yǐ gé mìng de míng yì xiǎng xiǎng guò qù
以革命的名义，想想过去；

yǐ gé mìng de jīng shén duì dài xiàn zài
以革命的精神，对待现在；

yǐ gé mìng de zhì qì chuàng zào wèi lái
以革命的志气，创造未来。

zài zhì lǐ wéi shuǐ hé de gōng chéng zhōng léi fēng rèn shí le zhì
在治理沩水河的工程中，雷锋认识了《治
wéi gōng dì bào de biān jí péng zhèng yuán zài yǔ péng zhèng yuán
沩工地报》的编辑彭正元。在与彭正元
de duì huà zhōng léi fēng dì yī cì shuō chū zì jǐ de xīn lǐ huà
的对话中，雷锋第一次说出自己的心里话。

nà shì yī gè chū chūn de bàng wǎn léi fēng hé péng zhèng yuán
那是一个初春的傍晚，雷锋和彭正元
dào dà bà shàng sàn bù miàn duì zhe hóng wěi de dà bà xīn qíng
到大坝上散步。面对着宏伟的大坝，心情
péng pài de léi fēng kāi kǒu shuō dào rú guǒ wǒ men néng jiāng rén
澎湃的雷锋开口说道：“如果我们能将人
mín yǔ zì rán de wěi dà dǒu zhēng yǐ wén yì xíng shì biǎo xiàn
民与自然的伟大斗争，以文艺形式表现
chū lái nà gāi duō yǒu yì si a lǎo péng wǒ xiǎng dāng zuò jiā
出来，那该多有意思啊！老彭，我想当作家
……”

péng zhèng yuán xiān shì yī lèng suí hòu wèn dào dāng zuò jiā
彭正元先是一愣，随后问道：“当作家
kě bù shì yī jiàn róng yì de shì qing yào yǒu wén huà yǒu
可不是一件容易的事情，要有文化，有
shēng huó
生活。”

léi fēng diǎn diǎn tóu huí dá shuō wǒ zhī dào dāng zuò jiā
雷锋点点头，回答说：“我知道当作家
bù róng yì yào xiě chū hǎo zuò pǐn jiù yào fù chū hěn duō de nǔ
不容易，要写出好作品，就要付出很多的努

lì dàn shì yǐ hòu wǒ yào cháo zhè gè fāng xiàng nǔ lì fèn dǒu
力！但是，以后我要朝这个方向努力奋斗！”

cóng xiě rì jì kāi shǐ léi fēng lù xù xiě le dú shū bǐ jì
从写日记开始，雷锋陆续写了读书笔记、
sǎn wén xiǎo shuō shī gē děng zài tā suì shí yǐ jīng xiě xià
散文、小说、诗歌等。在他18岁时，已经写下
hěn duō zuò pǐn dāng zuò jiā shì léi fēng de xīn shēng shì tā
很多作品。“当作家”是雷锋的心声，是他
de kě wàng yě shì tā zài xīn zhōng mái cáng de mèng xiǎng
的渴望，也是他在心中埋藏的梦想。

rán ér mèng xiǎng hé xiàn shí shì yǒu chā jù de zhī hòu léi
然而，梦想和现实是有差距的。之后，雷
fēng méi yǒu zǒu shàng zuò jiā de dào lù ér shì dāng le bīng chéng
锋没有走上作家的道路，而是当了兵，成
le yī míng yōu xiù de zhàn shì
了一名优秀的战士。

dāng zuò jiā shì léi fēng wèi wán chéng de mèng xiǎng dàn shì
“当作家”是雷锋未完成的梦想，但是
tā bìng méi yǒu fàng qì xiě zuò zhí zhì léi fēng lí kāi tā dōu zài
他并没有放弃写作。直至雷锋离开，他都在
yòng bǐ jì lù xià shēng huó de diǎn diǎn dī dī
用笔记录下生活的点点滴滴。

xiàn zài léi fēng de zuò pǐn yǐ jīng bèi zhěng lǐ hé chū bǎn
现在，雷锋的作品已经被整理和出版。
wǒ men kě yǐ xì xì qù tǐ wèi léi fēng zuò pǐn zhōng de huà yǔ qù
我们可以细细去体味雷锋作品中的话语，去
rèn shi shēng huó zhōng nà gè yǒu sī xiǎng yǒu xìng gé yǒu xuè yǒu
认识生活中那个有思想、有性格、有血有

ròu de léi fēng
肉的雷锋。

sān xiàng léi fēng tóng zhì xué xí
三、向雷锋同志学习

suì shì fēng huá zhèng mào de nián líng yǒu méi yǒu xiǎng guò
22岁是风华正茂的年龄。有没有想过，
wǒ men zài suì de shí hòu huì zuò xiē shén me suì dà xué bì
我们在22岁的时候会做些什么？22岁大学毕
yè chōng jǐng zhe wèi lái
业，憧憬着未来……

rán ér léi fēng què zài suì de shí hou shī qù le bǎo guì
然而，雷锋却在22岁的时候，失去了宝贵
de shēng mìng zài duǎn duǎn de èr shí èr nián lǐ léi fēng yǐ jīng
的生命。在短短的二十二年里，雷锋已经
zuò le shǔ bù qīng de hǎo shì cóng léi fēng shēn shàng wǒ men kàn
做了数不清的好事。从雷锋身上，我们看
dào le zhì pǔ xué dào le měi dé dǒng dé le rú hé jiāng ài hé
到了质朴，学到了美德，懂得了如何将爱和
fèng xiàn wú xiàn fàng dà
奉献无限放大。

nián yuè rì quán guó gè dà bào kān yú tóu bǎn dēng
1963年3月5日，全国各大报刊于头版登
chū máo zé dōng wèi léi fēng xiě de tí cí xiàng léi fēng tóng
出毛泽东为雷锋写的题词——“向雷锋同

zhì xué xí zhè shǐ quán guó xiān qǐ le xué xí léi fēng de rè cháo
志学习”。这使全国掀起了学习雷锋的热潮。

quán guó gè dì xiān hòu kāi zhǎn le xué xí léi fēng de huó dòng
全国各地先后开展了学习雷锋的活动，
yòng bù tóng de fāng shì jì niàn zhè wèi nián qīng de zhàn shì chóng qìng
用不同的方式纪念这位年轻的战士。重庆
yǒu léi fēng jīng shén yǒng héng zhǎn lǎn guǎn lián yún gǎng yǒu léi fēng bān
有雷锋精神永恒展览馆、连云港有雷锋班
chē dà lián lù jūn xué yuàn yǒu léi fēng diāo xiàng hā ěr bīn yǒu léi
车、大连陆军学院有雷锋雕像、哈尔滨有雷
fēng chū zū chē duì jiāng xī yǒu léi fēng hào liè chē
锋出租车队、江西有雷锋号列车……

léi fēng běn shì hú nán rén dàn shì wèi le jiā rù dào quán miàn
雷锋本是湖南人，但是为了加入到全面
jiàn shè zǔ guó de duì wǔ dāng zhōng tā lái dào le liáo níng shěng fǔ
建设祖国的队伍当中，他来到了辽宁省抚
shùn léi fēng céng zài zhè lǐ gōng zuò xué xí wú yí fǔ shùn zǎo
顺。雷锋曾在这里工作、学习。无疑，抚顺早
jiù chéng le tā de dì èr gù xiāng
就成了他的第二故乡。

léi fēng qù shì yǐ hòu fǔ shùn shì xiū jiàn de léi fēng jì
雷锋去世以后，抚顺市修建的“雷锋纪
niàn guǎn yú nián yuè rì luò chéng nà lǐ yǒu yī zuò
念馆”于1965年8月15日落成。那里有一座
máo zhǔ xí tí cí jì niàn bēi yǒu yī tiáo yóu kē hóng xīng yǔ
毛主席题词纪念碑，有一条由22颗红星与22
piān léi fēng rì jì de shí diāo zǔ chéng de lù míng wèi léi fēng
篇雷锋日记的石雕组成的路，名为“雷锋

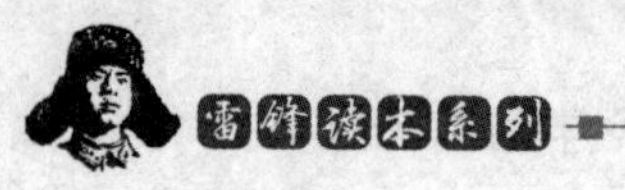

zhī lù
之路”。

rú jīn nián guò qù le bàn gè shì jì de guāng yīn bìng
如今，50年过去了，半个世纪的光阴并
méi yǒu mó miè wǒ men duì léi fēng de jì yì tā de chuáng pù yī
没有磨灭我们对雷锋的记忆。他的床铺依
rán bèi bǎo liú zài léi fēng bān de sù shè lǐ shàng miàn fàng zhe
然被保留在“雷锋班”的宿舍里，上面放着
dié chéng dòu fu kuài de bèi zi gān jìng zhěng jié tuì le sè
叠成“豆腐块”的被子，干净整洁。退了色
de jūn zhuāng hé yǒu xiē kāi liè de pí dài ràng wǒ men xiǎng xiàng léi
的军装和有些开裂的皮带，让我们想象雷
fēng chuān zhe jūn zhuāng de yàng zi
锋穿着军装的样子。

suì de léi fēng dài gěi wǒ men de què shì jīng shén de xǐ
22岁的雷锋，带给我们的却是精神的洗
lǐ bǎng yàng de lì liàng tā xiàng yī kē liú xīng zài yè kōng
礼、榜样的力量。他像一颗流星，在夜空
zhōng huá guò suī rán duǎn zàn què rú cǐ zhèn hàn suī rán jí cù
中划过。虽然短暂，却如此震撼；虽然急促，
què dài gěi wǒ men yǒng héng qiě shēn yuǎn de yǐng xiǎng
却带给我们永恒且深远的影响。

yǒng yuǎn de léi fēng jīng shén
永远的雷锋精神

yī jiān dìng de xìn niàn ài dǎng ài guó
一、坚定的信念：爱党爱国

léi fēng céng jīng yǐ jiě fàng yǐ hòu wǒ jiù yǒu le jiā wǒ de mǔ qīn jiù shì dǎng wèi tí xiě le yī piān wén zhāng wén zhāng zhōng jiǎng shù le léi fēng zài jiù shè huì de bēi cǎn shēn shì yǐ jí tā shì rú hé cóng gū ér chéng zhǎng wéi yī míng yōu xiù de zhàn shì

雷锋曾经以“解放以后我就有了家，我的母亲就是党”为题写了一篇文章。文章中讲述了雷锋在旧社会的悲惨身世，以及他是如何从孤儿成长为一名优秀的战士。

yī kē gǎn ēn de xīn
一颗感恩的心

léi fēng bǎ zì jǐ de ài xiàn gěi rén mín xiàn gěi dǎng hé zǔ

雷锋把自己的爱献给人民、献给党和祖

guó jiě fàng qián shòu kǔ shòu nán de léi fēng shēn zhī dǎng hé guó jiā
国。解放前受苦受难的雷锋深知党和国家

jǐ yǔ tā de bāng zhù jiě fàng hòu chóng huò xīn shēng de léi fēng lì
给予他的帮助。解放后重获新生的雷锋立

xià shì yán yī dìng yào rè ài dǎng rè ài zǔ guó rè ài shè
下誓言“一定要热爱党、热爱祖国、热爱社

huì zhǔ yì
会主义”。

léi fēng rèn wéi dǎng guó jiā hé rén mín xū yào tā qù nǎ
雷锋认为，党、国家和人民需要他去哪

lǐ jiù yīng dāng yì wú fǎn gù de dào nǎ lǐ qù zhè jiù shì zuì
里，就应当义无反顾地到哪里去。这就是最

hǎo de huí bào fāng shì
好的回报方式。

dāng shí quán guó shàng xià dōu zài dà liàn gāng tiě yīn wèi zhǐ
当时全国上下都在大炼钢铁。因为只

yǒu jī běn jiàn shè yǒu le bǎo zhàng guó jiā cái néng gèng hǎo de fā
有基本建设有了保障，国家才能更好地发

zhǎn jiàn shè dāng liáo níng shěng ān shān gāng tiě chǎng hé hú nán
展建设。当辽宁省鞍山钢铁厂和湖南

shěng xiāng tán gāng tiě chǎng zài zhāo gōng rén shí hái zài tuán shān
省湘潭钢铁厂在招工人时，还在团山

hú nóng chǎng gōng zuò de léi fēng dé zhī zhè gè xiāo xi hòu xīn lǐ
湖农场工作的雷锋得知这个消息后，心里

jiù kāi shǐ pán suàn qǐ lái tā xiǎng xiàn zài zhèng shì guó jiā xū yào
就开始盘算起来。他想：现在正是国家需要

wǒ de shí hòu wǒ yào zuò zǔ guó de yī kuài zhuān nǎ lǐ xū yào
我的时候，我要做祖国的一块砖，哪里需要

◎雷锋精神永放光芒——“雷锋事迹大型原创摄影作品展”现场

wǎng nǎ bān
往哪搬。

yǒu yī tiān dà jiā wéi zuò zài yī qǐ tǎo lùn zhe qù gōng chǎng
有一天，大家围坐在一起讨论着去工厂

shàng bān de shì dài zhe yǎn jìng de nán qīng nián xiān kāi le kǒu
上班的事。戴着眼镜的男青年先开了口：

dà jiā dōu shuō shuo zì jǐ de xiǎng fǎ ba yǒu shéi xiǎng qù ān
“大家都说说自己的想法吧，有谁想去鞍

shān gāng tiě chǎng
山钢铁厂？”

yī gè méi qīng mù xiù de nǚ hái zi huí dá shuō liáo níng
一个眉清目秀的女孩子回答说：“辽宁

zài běi fāng lí jiā zhè me yuǎn rén shēng dì bù shóu de kě bù
在北方，离家这么远，人生地不熟的可不

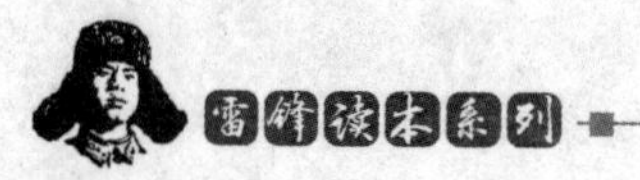

hǎo
好。”

shì a yǐ hòu guò jié xiǎng huí jiā kàn kàn dōu kùn nan
“是啊，以后过节想回家看看都困难。”

páng biān de rén fù hé zhe shuō
旁边的人附和着说。

lìng yī gè nǚ hái zǐ shuō liáo níng tè bié hán lěng qì wēn
另一个女孩子说：“辽宁特别寒冷，气温

dòng bù dòng jiù zài líng xià hǎo jī dù jù shuō lián tǔ chū de kǒu shuǐ
动不动就在零下好几度，据说连吐出的口水

dōu néng hěn kuài jié bīng ne nán fāng rén gēn běn wú fǎ shì yīng nà lǐ
都能很快结冰呢。南方人根本无法适应那里

de tiān qì
的天气。”

hái yǒu rén nán nán dì shuō fǎn zhèng hú nán gāng tiě chǎng
还有人喃喃地说：“反正湖南钢铁厂

yě zài zhāo gōng rén tú gè lí jiā jìn fāng biàn
也在招工人，图个离家近，方便。”

wǒ yào liú zài zhè lǐ bù qù ān shān gāng tiě chǎng
“我要留在这里，不去鞍山钢铁厂。”

dà jiā nǐ yī yán wǒ yī yǔ fēn fēn biǎo dá chū zì jǐ de
大家你一言，我一语，纷纷表达出自己的

xiǎng fǎ hěn míng xiǎn jué dà duō shù rén dōu bù yuàn yì dào yuǎn lí
想法。很明显，绝大多数人都不愿意到远离

jiā xiāng de liáo níng ān shān gōng zuò léi fēng xīn xiǎng rú guǒ dà
家乡的辽宁鞍山工作。雷锋心想：如果大

jiā dōu bù qù ān shān nà lǐ kěn dìng gèng xū yào gōng rén yú shì
家都不去鞍山，那里肯定更需要工人。于是

tā kāi kǒu shuō dào wǒ jué dìng yào qù ān shān gāng tiě chǎng gōng zuò
他开口说道："我决定要去鞍山钢铁厂工作。"

dà jiā dùn shí tóu lái le bù jiě de mù guāng yǒu rén wèn tā
大家顿时投来了不解的目光。有人问他：

fàng zhe jiā mén kǒu dí gōng zuò bù yào gān má fēi yào pǎo dào běi fāng qù
"放着家门口的工作不要，干吗非要跑到北方去？"

léi fēng kěn qiē de huí dá zhèng shì yīn wèi hěn duō rén xuǎn zé liú zài le hú nán ān shān gāng tiě chǎng cái gèng xū yào yǒu rén bào míng nà lǐ dí què fēi cháng hán lěng dàn shì wǒ bù pà suī rán yuǎn lí jiā xiāng wǒ yě huì gǎn dào bù zì zài dàn wǒ hái shì yào dào zǔ guó xū yào de dì fāng qù
雷锋恳切地回答："正是因为很多人选择留在了湖南，鞍山钢铁厂才更需要有人报名。那里的确非常寒冷，但是我不怕。虽然远离家乡我也会感到不自在，但我还是要到祖国需要的地方去。"

xià dìng jué xīn de léi fēng dì èr tiān jiù bào le míng bìng qiě jī jí xiàng dà jiā jiè shào ān shān gāng tiě chǎng de qíng kuàng bāng zhù zhāo shōu bù mén de gōng zuò rén yuán kāi zhǎn gōng zuò
下定决心的雷锋第二天就报了名，并且积极向大家介绍鞍山钢铁厂的情况，帮助招收部门的工作人员开展工作。

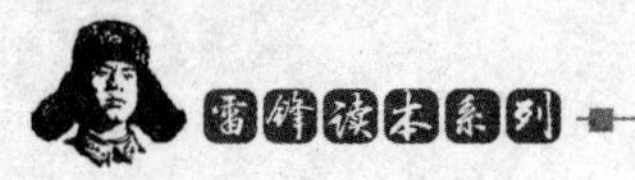

chù chù wèi guó jiā zhuó xiǎng
处处为国家着想

léi fēng céng shuō guò zhè yàng yī duàn huà
雷锋曾说过这样一段话：

wǒ men shì guó jiā de zhǔ rén yīng gāi chù chù wèi guó jiā zhuó xiǎng shì
我们是国家的主人，应该处处为国家着想，事
shì yào jīng dǎ xì suàn bù néng jīn zhāo yǒu jiǔ jīn zhāo zuì míng rì chóu lái míng
事要精打细算，不能今朝有酒今朝醉，明日愁来明
rì yōu
日忧。

zhè huà bù shì shuō gěi bié rén tīng de piào liang huà ér shì
这话不是说给别人听的“漂亮话”，而是
léi fēng zuò rén de yuán zé tā jiù shì yòng zhè zhǒng guān niàn qù
雷锋做人的原则。他就是用这种观念，去
yào qiú zì jǐ de
要求自己的。

jīng dǎ xì suàn shì léi fēng de zǎn qián fǎ bǎo tā
“精打细算”，是雷锋的攒钱“法宝”。他
měi yuè lǐng dào de jīn tiē fèi zhǐ huā zài tuán fèi féi zào hé shū jí
每月领到的津贴费，只花在团费、肥皂和书籍
shàng qí yú de qián dōu cún jìn chǔ xù suǒ tā de wà zi shàng
上，其余的钱都存进储蓄所。他的袜子上
quán shì bǔ ding jī hū yǐ jīng méi yǒu wà zi de yàng zi le dàn
全是补丁，几乎已经没有袜子的样子了，但

tā hái shì bù shě de mǎi shuāng xīn de tā yǒu yī gè táng cí liǎn pén
他还是不舍得买双新的；他有一个搪瓷脸盆
hé yī gè shù kǒu bēi shì gāng rù wǔ shí bù duì fā de zì cóng
和一个漱口杯，是刚入伍时，部队发的，自从
kāi shǐ yòng jiù zài méi huàn guò zhè liǎng gè wù jiàn yǔ qí tā zhàn
开始用，就再没换过。这两个物件与其他战
yǒu de xiāng bǐ jué duì suàn dé shàng shì lǎo gǔ dǒng liǎn pén
友的相比，绝对算得上是“老古董”，脸盆
shàng miàn de táng cí yǐ jīng diào le xǔ duō kàn qǐ lái zhēn yǒu xiē
上面的搪瓷已经掉了许多，看起来真有些
miàn mù quán fēi bìng bù shì suǒ yǒu rén dōu néng lǐ jiě léi fēng
“面目全非”。并不是所有人都能理解雷锋
de zhè zhǒng zuò fǎ yǒu xiē rén rèn wéi zhè shì xiǎo qi kōu
的这种做法，有些人认为这是“小气”、“抠
mén er de biǎo xiàn dàn léi fēng bìng bù zhè yàng rèn wéi
门儿”的表现，但雷锋并不这样认为。

yī nián xià tiān léi fēng suǒ zài de bù duì àn guī dìng fā gěi
一年夏天，雷锋所在的部队，按规定发给
měi rén liǎng tào xīn yī fu hé xīn xié lún dào léi fēng lǐng shí léi
每人两套新衣服和新鞋。轮到雷锋领时，雷
fēng shuō gěi wǒ yī tào yī fú hé xié jiù gòu le
锋说：“给我一套衣服和鞋就够了。”

fù zé fēn fā wù pǐn de sī wù zhǎng duì léi fēng de huà gǎn dào
负责分发物品的司务长对雷锋的话感到
bù jiě wèn dào wèi shén me zhǐ yào yī tào
不解，问道：“为什么只要一套？”

léi fēng zhēn chéng de xiào xiào shuō yī tào yī fú hé xié
雷锋真诚地笑笑，说：“一套衣服和鞋

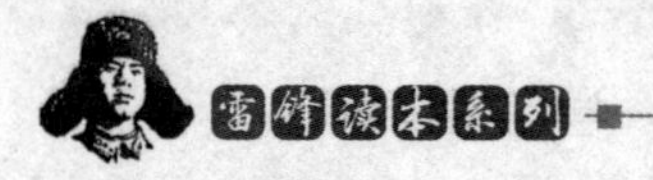

zú gòu wǒ chuān de le
足够我穿的了。”

xǔ duō rén bù míng bai léi fēng de zuò fǎ zhè yī fu hé xié yòu bù yòng zì jǐ huā qián tā zài zhè fāng miàn jīng dǎ xì suàn shì wèi shén me léi fēng de yī piān rì jì wèi dà jiā jiě dá le yí huò
许多人不明白雷锋的做法，这衣服和鞋又不用自己花钱，他在这方面“精打细算”是为什么？雷锋的一篇日记，为大家解答了疑惑：

wèi le hé rén mín qún zhòng tóng gān gòng kǔ jiǎn qīng rén mín de fù dān gòng tóng kè fú mù qián de kùn nan wǒ zhǐ lǐng le yī tào dān jūn fú yī shuāng xīn jiāo xié qí tā yòng pǐn yě shǎo lǐng le yǐ qián yòng guò de dōng xī wǒ dū xiū bǔ hǎo le jì xù shǐ yòng chuān pò le de yī fú bǔ hǎo le zài chuān wǒ jiào de jiù shì xiàn zài chuān yī tào dǎ bǔ dīng de jiù yī fu yě bǐ wǒ guò qù pī de pò làn yī fu yào hǎo qiān wàn bèi a
为了和人民群众同甘共苦，减轻人民的负担，共同克服目前的困难，我只领了一套单军服，一双新胶鞋，其他用品也少领了。以前用过的东西，我都修补好了，继续使用。穿破了的衣服补好了再穿。我觉得就是现在穿一套打补丁的旧衣服，也比我过去披的破烂衣服要好千万倍啊！

léi fēng kàn dào zǔ guó yù dào zāi nán hé kùn nán shí huì bǎ zì jǐ zǎn de xiǎo jīn kù yī fēn bù liú de juān chū qù rén men
雷锋看到祖国遇到灾难和困难时，会把自己攒的“小金库”一分不留地捐出去。人们

终于彻底理解了雷锋，他的做法令人感动，令人钦佩。

也许，总会有那么一些人，看不惯雷锋的这种勤俭做法。特别是从小不愁吃不愁穿的人。他们认为平时的雷锋是“小气”、“吝啬”的人，却不曾想，这种对自己“吝啬”、对他人“大方”的做法，正是对中华民族艰苦奋斗的优良作风的传承。

积极入党

对于雷锋的各种助人为乐、勤俭节约、艰苦奋斗的事迹，领导们早有耳闻。一篇名叫“解放后我有了家，我的父母就是党”的资料，引起了韩政委的注意。这篇材料让

tā shēn shòu chù dòng
他深受触动。

cái liào lǐ jì lù le yī gè céng bèi jiù shè huì hài de jiā pò rén wáng de gū ér jiě fàng hòu zài dǎng de guān huái xià chéng zhǎng zhè gè gū ér shàng wán xué hòu zì yuàn liú zài xiāng xià zhòng dì dāng xīn xíng nóng mín hòu lái xué huì le kāi tuō lā jī bèi zhēng diào dào ān gāng dāng gōng rén ér xiàn zài tā yòu chéng wèi le yī míng yōu xiù de jiě fàng jūn zhàn shì xiǎo xiǎo de nián jì què yǒu zhe rú cǐ bù píng fán de jīng lì zhēn shì ràng rén zàn tàn
材料里记录了一个曾被旧社会害得家破人亡的孤儿，解放后，在党的关怀下成长。这个孤儿上完学后自愿留在乡下种地当新型农民，后来学会了开拖拉机，被征调到鞍钢当工人……而现在，他又成为了一名优秀的解放军战士。小小的年纪，却有着如此不平凡的经历，真是让人赞叹。

méi cuò hán zhèng wěi kàn dào de zhè fèn cái liào jiù shì léi fēng de zì shù cái liào zhè piān cái liào shì cóng hé ér lái ne qí shí shì tuán dǎng wěi tīng shuō le léi fēng zhòng duō qín jiǎn jié yuē wèi zāi qū juān qián de shì jì xiǎng tuī jǔ tā wéi quán tuán de jié yuē biāo bīng hào zhào quán tuán xiàng léi fēng xué xí yú
没错，韩政委看到的这份材料就是雷锋的自述材料。这篇材料是从何而来呢？其实是团党委听说了雷锋众多“勤俭节约”、“为灾区捐钱”的事迹，想推举他为全团的“节约标兵”，号召全团向雷锋学习。于

shì tuán dǎng wěi jué dìng jiāng léi fēng cóng xiǎo dào dà de jīng lì xiě
是，团党委决定将雷锋从小到大的经历写
chéng cái liào yìn fā gěi gè lián yuè dú ér zhè piān jiě fàng hòu
成材料印发给各连阅读。而这篇《解放后
wǒ yǒu le jiā wǒ de mǔ qīn jiù shì dǎng biàn shì jīng guò zhèng
我有了家，我的母亲就是党》，便是经过政
zhì chù zhěng lǐ yòu yóu léi fēng zì jǐ dìng gǎo dìng tí mù ér
治处整理，又由雷锋自己定稿、定题目而
chéng de xué xí cái liào
成的学习材料。

hán zhèng wěi fā xiàn léi fēng jìng rán hái méi yǒu rù dǎng hěn
韩政委发现雷锋竟然还没有入党，很
shì guān xīn lì jí gěi yùn shū lián dǎ diàn huà xún wèn yī wèn cái
是关心，立即给运输连打电话询问。一问才
zhī dào yuán lái yùn shū lián de dǎng zhī bù zǎo jiù shōu dào le léi
知道，原来运输连的党支部早就收到了雷
fēng de rù dǎng shēn qǐng bìng qiě jiào de léi fēng yǐ jīng wán quán
锋的入党申请，并且觉得雷锋已经完全
dá dào yī gè gòng chǎn dǎng yuán de yāo qiú dàn shì yòu kǎo lǜ dào
达到一个共产党员的要求，但是又考虑到
léi fēng rù wǔ shí jiān bù cháng xiǎng yào zài ràng tā mó liàn jiào yù
雷锋入伍时间不长，想要再让他磨炼教育
yī duàn shí jiān zài tōng guò tā de rù dǎng shēn qǐng hán zhèng wěi
一段时间再通过他的入党申请。韩政委
tīng le zhè huà jiù duì diàn huà lìng yī tóu de rén shuō léi fēng
听了这话，就对电话另一头的人说：“雷锋
rù dǎng shì qing yào zhuā jǐn bàn rù wǔ shí jiān cháng duǎn bù shì
入党事情要抓紧办，入伍时间长短不是

wèn tí
问题。”

wèi cǐ yùn shū lián de gāo zhǐ dǎo yuán tè yì zài yī tiān
为此，运输连的高指导员特意在一天
zhōng wǔ qù le léi fēng de bān lǐ xiǎng zhǎo léi fēng tán yī tán
中午去了雷锋的班里，想找雷锋谈一谈。
kě dào le bān lǐ fā xiàn qí tā zhàn shì dōu zài zhǐ yǒu léi fēng
可到了班里，发现其他战士都在，只有雷锋
bù jiàn zōng yǐng gāo zhǐ dǎo yuán chū le léi fēng suǒ zài de sì bān
不见踪影。高指导员出了雷锋所在的四班
sù shè dà mén qù chē chǎng zhǎo le yī quān zuì hòu fā xiàn
宿舍大门，去车场找了一圈，最后发现13
hào chē jià shǐ shì lǐ zuò zhe yī gè rén suī yīn yáng guāng tài qiáng
号车驾驶室里坐着一个人。虽因阳光太强
kàn bù qīng shì shéi dàn gāo zhǐ dǎo yuán gǎn kěn dìng zài zhè gè shí
看不清是谁，但高指导员敢肯定，在这个时
jiān hái zài jià shǐ shì lǐ de kěn dìng jiù shì léi fēng le zhǐ dǎo
间还在驾驶室里的，肯定就是雷锋了。指导
yuán zǒu dào jià shǐ shì gēn qián léi fēng méi chá jué yú shì zhǐ
员走到驾驶室跟前，雷锋没察觉。于是，指
dǎo yuán qīng qīng jiào le tā yī shēng
导员轻轻叫了他一声。

léi fēng dāng shí zhèng kàn shū kàn de rù mí tīng dào yǒu rén
雷锋当时正看书看得入迷，听到有人
zài shēn biān jiào zì jǐ cái měng rán cóng zhī shi de hǎi yáng zhōng
在身边叫自己，才猛然从知识的海洋中
huǎn guò shén lái tā kàn dào zhàn zài jià shǐ shì wài de zhǐ dǎo
缓过神来。他看到站在驾驶室外的指导

yuán bù hǎo yì si de shuō zhǐ dǎo yuán nín hái méi qù xiū
员，不好意思地说：“指导员，您还没去休

xi a
息啊？”

zhǐ dǎo yuán hé ǎi de xiào le xiào nǐ bù shì yě méi xiū
指导员和蔼地笑了笑：“你不是也没休

xi ma
息吗？”

shuō zhuó zhǐ dǎo yuán dǎ kāi le jià shǐ shì de mén zuò dào
说着指导员打开了驾驶室的门，坐到

le léi fēng shēn biān zhǐ dǎo yuán kàn le kàn léi fēng shǒu lǐ de
了雷锋身边。指导员看了看雷锋手里的

shū yīn léi fēng rú cǐ kè kǔ xué xí jī jí jìn qǔ de tài dù
书，因雷锋如此刻苦学习、积极进取的态度

ér bèi shòu gǎn dòng tā duì léi fēng shuō nǐ de rù dǎng shēn
而倍受感动。他对雷锋说：“你的入党申

qǐng shū zhī bù yǐ jīng tǎo lùn guò le dà jiā duì nǐ bào yǒu hěn
请书，支部已经讨论过了。大家对你抱有很

dà qī wàng nǐ yào zài jiē zài lì
大期望，你要再接再厉。”

léi fēng tīng dào zhè gè xiāo xi hěn shì jī dòng lián máng xiàng
雷锋听到这个消息很是激动，连忙向

gāo zhǐ dǎo yuán bǎo zhèng nín jiù fàng xīn ba wǒ yī dìng huì
高指导员保证：“您就放心吧！我一定会

jì xù hǎo hǎo xué xí yán gé yāo qiú zì jǐ jué bù gū fù dǎng
继续好好学习，严格要求自己，绝不辜负党

de jiào yù
的教育。”

léi fēng guǒ zhēn rú tā bǎo zhèng de nà yàng cóng cǐ zhī hòu
雷锋果真如他保证的那样，从此之后

gèng jiā nǔ lì gèng jiā fā fèn léi fēng yī zhí yǐ lái jiù duì
更加努力，更加发奋。雷锋一直以来就对

gòng chǎn dǎng chōng mǎn xiàng wǎng tā rè ài dǎng rè ài guó
共产党充满向往，他热爱党，热爱国

jiā yī zhí bǎ rù dǎng shè dìng wéi zì jǐ chóng gāo de mù
家，一直把“入党”设定为自己崇高的目

biāo yǎn kàn zhè gè chóng gāo de mù biāo jiù yào zài zì jǐ de nǔ
标。眼看这个崇高的目标就要在自己的努

lì xià shí xiàn le tā de nèi xīn néng bù wèi cǐ chōng mǎn wú jìn
力下实现了，他的内心能不为此充满无尽

de xīn xǐ hé wú qióng de gān jìn ma
的欣喜和无穷的干劲吗？

◎雷锋入党浮雕

1960年11月8日，雷锋终于成为了一名共产党员。这一年他刚满20岁。

“泥瓦匠”

雷锋喜欢写日记，并把每一次真实的感受记录下来，写成自己成长的轨迹。在他的日记中，提到次数最多的就是“人民”这个词，雷锋将“热爱人民，尊重人民”时刻铭记于心，雷锋把人民当做自己的亲人，时刻把人民的利益放在心里。

雷锋当兵的第一年，部队派他到一个叫二道河子的地方施工。雷锋按时到达了工地，只见工地旁边有一个破旧的房子，看起来，墙上的泥土都快松动了。雷锋刚要探

tóu xún wèn cóng lǐ miàn zǒu chū lái yī wèi hé ǎi kě qīn de lǎo dà niáng
头询问，从里面走出来一位和蔼可亲的老大娘。

léi fēng guān qiē de shuō lǎo dà niáng nín fáng zǐ de wài qiáng kuài yǎo kuà le nín zhù zài lǐ miàn huì hěn wēi xiǎn de
雷锋关切地说：“老大娘，您房子的外墙快要跨了，您住在里面会很危险的。”

lǎo dà niáng yáo yáo tóu dī shēng shuō wǒ zhè me yī gè lǎo pó zi méi rén guǎn
老大娘摇摇头，低声说：“我这么一个老婆子，没人管。”

léi fēng zhòu qǐ méi tóu wèn dào nà nín de jiā rén zài nǎ lǐ ne
雷锋皱起眉头，问道：“那您的家人在哪里呢？”

cǐ shí lǎo dà niáng yǒu xiē gěng yè huí dá dào wǒ bǎ liǎng gè ér zi cóng xiǎo lā chě dà kě shì xiàn zài tā men shéi yě bù yuàn yì shàn yǎng wǒ léi fēng yī biān ān wèi lǎo rén xīn lǐ yě zài pán suàn zěn me xiū lǐ fáng wū de shì
此时，老大娘有些哽咽，回答道：“我把两个儿子从小拉扯大，可是现在他们谁也不愿意赡养我。”雷锋一边安慰老人，心里也在盘算怎么修理房屋的事。

léi fēng dào fù jìn jiè lái gōng jù mǎi lái shuǐ ní dāng qǐ le ní wǎ jiàng bù yī huì er léi fēng jiù bǎ pò sǔn de qiáng
雷锋到附近借来工具，买来水泥，当起了“泥瓦匠”。不一会儿，雷锋就把破损的墙

bì xiū bǔ de jié jié shi shi dà niáng jiā de mén yě sōng dòng le
壁修补得结结实实。大娘家的门也松动了，
fēng yī chuī jiù zhī ya zuò xiǎng léi fēng yòu gǎn kuài zhǎo lái fèi jiù
风一吹就吱呀作响。雷锋又赶快找来废旧
de mù bǎn bǎ mén chóng xīn dīng hǎo
的木板把门重新钉好。

lǎo dà niáng bèi léi fēng de xíng wèi gǎn dòng de luò lèi le tā
老大娘被雷锋的行为感动得落泪了，她
lā zhe léi fēng de shǒu shuō wǒ hé nǐ sù bù xiāng shí nǐ yòu
拉着雷锋的手说：“我和你素不相识，你又
bāng wǒ xiū fáng zi bǔ mén kuàng wǒ gāi zěn me gǎn xiè nǐ cái shì
帮我修房子，补门框。我该怎么感谢你才是
a
啊。”

wǒ suì jiù biàn chéng le gū ér shì kào xiāng qīn men de
“我7岁就变成了孤儿，是靠乡亲们的
jiē jì zhǎng dà de zài wǒ de yǎn lǐ nín jiù xiàng wǒ de qīn
接济长大的。在我的眼里，您就像我的亲
rén rú guǒ nín bù xián qì jiù bǎ wǒ dàng chéng nín de ér zi
人。如果您不嫌弃，就把我当成您的儿子
ba léi fēng shuō zhe yǎn jīng yě shī rùn le
吧。”雷锋说着，眼睛也湿润了。

shī gōng de nà duàn shí jiān léi fēng yī yǒu kòng jiù lái kàn
施工的那段时间，雷锋一有空就来看
wàng lǎo dà niáng bāng tā xǐ yī fú tiāo shuǐ dǎ sǎo fáng jiān
望老大娘，帮她洗衣服、挑水、打扫房间。
lǎo dà niáng yě bǎ léi fēng dàng zuò shì zì jǐ de ér zi hé tā yī
老大娘也把雷锋当做是自己的儿子，和他一

qǐ chī fàn lào jiā cháng hòu lái léi fēng jiē dào mìng lìng zhǔn bèi
起吃饭、唠家常。后来，雷锋接到命令准备
fǎn huí bù duì lín zǒu shí tā hái tè yì liú xià yī xiē qián zuò wèi
返回部队。临走时他还特意留下一些钱作为
lǎo rén de shēng huó fèi
老人的生活费。

èr bǎo guì de pǐn gé zhù rén wèi lè
二、宝贵的品格：助人为乐

léi fēng zuò hǎo shì bù tiāo rì zi bù dìng jì huà zhǐ yào
雷锋做好事，不挑日子，不定计划，只要
kàn dào xū yào bāng zhù de rén jiù huì shēn chū yuán shǒu kàn dào qiú
看到需要帮助的人，就会伸出援手；看到求
zhù de yǎn shén jiù huì zhǔ dòng shàng qián xún wèn xū yào bāng
助的眼神，就会主动上前询问：“需要帮
zhù ma
助吗？”

léi fēng shuō wǒ huó zhuó jiù shì wèi le shǐ bié rén shēng huó
雷锋说：“我活着就是为了使别人生活
de gèng měi hǎo léi fēng duì tā rén de guān ài jiù rú chūn yǔ yī
得更美好。”雷锋对他人的关爱就如春雨一
bān rùn wù xì wú shēng jì píng fán yòu wěi dà
般，润物细无声，既平凡又伟大。

bǎ rén mín dàng qīn rén
把人民当亲人

léi fēng nián jì suī rán bù dà xīn sī què fēi cháng xì nì
雷锋年纪虽然不大，心思却非常细腻，
yǔ tóng líng rén xiāng bǐ xiǎn de hěn dǒng shì léi fēng bǎ shēn biān
与同龄人相比，显得很懂事。雷锋把身边
de rén dōu dàng zuò shì zì jǐ de jiā rén tè bié shì yù dào nián mài
的人都当做是自己的家人，特别是遇到年迈
de zhǎng zhě léi fēng gèng duō le yī fèn zūn chóng yī fèn guān
的长者，雷锋更多了一份尊重，一份关
huái
怀。

zài cóng lǚ shùn kāi wǎng shěn yáng de liè chē shàng léi fēng
在从旅顺开往沈阳的列车上，雷锋
pèng jiàn le yī wèi bái fà cāng cāng de lǎo rén zhè wèi lǎo rén kàn qǐ
碰见了一位白发苍苍的老人。这位老人看起
lái miàn sè hěn chā ér qiě hái bù tíng de ké sòu léi fēng wèi tā dǎo
来面色很差，而且还不停地咳嗽。雷锋为他倒
le rè shuǐ guān qiē de wèn dào lǎo dà ye nín shì bù shì shēng
了热水，关切地问道：“老大爷，您是不是生
bìng le lǎo rén tái qǐ tóu chí huǎn de huí dá wǒ zhè shì
病了？”老人抬起头，迟缓地回答：“我这是
láo bìng nián qīng shí lào xià de bìng gēn yǐ jīng shí duō nián le
痨病，年轻时落下的病根，已经十多年了。”

nín zuò huǒ chē yào dào nǎ lǐ a léi fēng jiē zhe wèn dào
“您坐火车要到哪里啊？”雷锋接着问道。

wǒ yào dào dān dōng qù kě shì hái chà yī kuài qián cái néng
“我要到丹东去，可是还差一块钱才能
mǎi dào qù nà lǐ de chē piào xiàn zài wǒ hái fā chóu gāi zěn me bàn
买到去那里的车票。现在我还发愁该怎么办
ne lǎo rén jǐn suǒ zhe méi tóu huí dá
呢？”老人紧锁着眉头回答。

wǒ shēn shàng hái yǒu xiē qián gěi nín mǎi chē piào ba léi
“我身上还有些钱，给您买车票吧。”雷
fēng biān shuō biān tāo chū dōu lǐ de qián sāi dào lǎo rén shǒu zhōng
锋边说边掏出兜里的钱，塞到老人手中。

jǐn jiē zhe léi fēng yòu shuō xiàn zài yǐ jīng shì zhōng wǔ
紧接着，雷锋又说：“现在已经是中午
le wǒ qù bāng nín mǎi fàn ba hái méi děng lǎo rén huí dá léi
了，我去帮您买饭吧。”还没等老人回答，雷
fēng zhuǎn shēn xiàng cān chē zǒu qù
锋转身向餐车走去。

bù yī huì er léi fēng jiù bǎ rè hū hū de fàn duān dào le
不一会儿，雷锋就把热乎乎的饭端到了
lǎo rén miàn qián lǎo rén jǐn jǐn wò zhù léi fēng de shǒu gǎn dòng de
老人面前。老人紧紧握住雷锋的手，感动得
shuō bù chū huà lái
说不出话来……

léi fēng yǔ rén mín zhī jiān bù shì qīn qíng què shèng guò qīn
雷锋与人民之间，不是亲情却胜过亲
qíng zhè fèn nóng nóng de qíng yì yuán zì yú léi fēng wèi rén mín
情。这份浓浓的情谊源自于雷锋“为人民
fú wù de jīng shén yuán zì yú bǎ rén mín dàng qīn rén de xīn
服务”的精神，源自于把人民当亲人的心。

xiàn zài wǒ men miàn duì mò shēng rén de shí hòu gèng duō de
现在，我们面对陌生人的时候，更多的
shì xuǎn zé yuǎn lí xuǎn zé chén mò rén yǔ rén zhī jiān de guān jì
是选择远离，选择沉默。人与人之间的关系
màn màn de shū yuǎn xīn yǔ xīn zhī jiān de gé hé zài zhú jiàn jiā
慢慢地疏远，心与心之间的隔阂在逐渐加
shēn wǎng wǎng zài zhè gè shí hòu wǒ men gèng yào xiàng léi fēng xué
深。往往在这个时候，我们更要向雷锋学
xí xué xí tā wèi rén mín fú wù de jīng shén rú guǒ wǒ men
习，学习他“为人民服务”的精神。如果我们
měi gè rén dōu zài zuò zhe wǒ wèi rén rén de shì qíng zhěng gè
每个人都在做着“我为人人”的事情，整个
shè huì zì rán jiù huì yǒu wǒ wèi rén rén rén rén wèi wǒ de jú
社会自然就会有“我为人人，人人为我”的局
miàn rú cǐ liáng xìng de xún huán jiāng shǐ wǒ men de shè huì gèng
面。如此良性的循环，将使我们的社会更
jiā hé xié gèng jiā měi hǎo
加和谐、更加美好！

zhè shì wǒ yīng gāi zuò de
“这是我应该做的”

nián yuè zhè yī tiān de tiān qì hěn zāo gāo qīng pén
1961年5月，这一天的天气很糟糕，倾盆
de dà yǔ wán quán méi yǒu tíng xià lái de yì si léi fēng bì xū zài
的大雨完全没有停下来的意思。雷锋必须在
zhè dà yǔ tiān qǐ chéng qù shěn yáng wèi liǎo bù yán wù shí jiān léi
这大雨天启程去沈阳。为了不延误时间，雷

fēng qǐ le yī gè dà zǎo wǎng xíng li bāo lǐ sāi le liǎng gè mán
锋起了一个大早，往行李包里塞了两个馒
tou pī shàng yǔ yī jiù dòng shēn qián wǎng huǒ chē zhàn le
头，披上雨衣就动身前往火车站了。

yǔ xià de hěn dà yǎn qián de shì yě dū biàn de mó hu léi
雨下得很大，眼前的视野都变得模糊。雷
fēng pī zhe yǔ yī xíng zǒu zài dà yǔ zhōng tū rán kàn dào qián fāng
锋披着雨衣，行走在大雨中，突然看到前方
yǐng yǐng chuò chuò de liǎng gè shēn yǐng tā jiā kuài le jiǎo bù zǒu jìn
影影绰绰的两个身影。他加快了脚步，走近
le yī kàn fā xiàn shì yī wèi dà sǎo hé yī gè xiǎo nǚ hái zhè wèi
了一看，发现是一位大嫂和一个小女孩。这位
dà sǎo yòu shǒu qiān zhe yī gè xiǎo nǚ hái zuǒ shǒu kuà zhe xǔ duō háng
大嫂右手牵着一个小女孩，左手挎着许多行
li bēi shàng hái bēi zhe yī gè xiǎo hái tā men méi yǒu yǔ jù jiù
李，背上还背着一个小孩。他们没有雨具，就
zhè yàng zài dà yǔ zhōng jiān nán qián xíng
这样在大雨中艰难前行。

léi fēng lián máng tuō xià zì jǐ de yǔ yī pī dào zhè wèi fù
雷锋连忙脱下自己的雨衣，披到这位妇
nǚ shēn shàng bìng guān qiē xún wèn dà sǎo nín shì yào qù nǎ
女身上，并关切询问："大嫂，您是要去哪
lǐ
里？"

dà sǎo duì zhe tū rán chū xiàn de rè xīn rén hěn shì gǎn dòng
大嫂对着突然出现的热心人很是感动，
huí dá tā shuō wǒ men yào qù huǒ chē zhàn
回答他说："我们要去火车站。"

wǒ yě shì qù huǒ chē zhàn shuō zhuó léi fēng jiù jiāng xiǎo
“我也是去火车站。”说着雷锋就将小
nǚ hái bēi dào zì jǐ bèi shàng gēn dà sǎo shuō zán men yī
女孩背到自己背上，跟大嫂说，“咱们一
lù wǒ zhèng hǎo sòng nín guò qù ba
路，我正好送您过去吧。”

dà sǎo bèi zhè wèi rè xīn de jiě fàng jūn xiǎo zhàn shì gǎn dòng de
大嫂被这位热心的解放军小战士感动得
bù zhī shuō shén me hǎo gēn zhe léi fēng yī qǐ xiàng huǒ chē zhàn
不知说什么好，跟着雷锋一起向火车站
zǒu qù
走去。

dào le huǒ chē zhàn léi fēng yě méi yǒu lì kè lí kāi tā fā
到了火车站，雷锋也没有立刻离开。他发
xiàn dà sǎo hé tā dū dào shěn yáng jiù gān cuì bǎ tā men sòng dào
现大嫂和他都到沈阳，就干脆把他们送到
le chē xiāng lǐ gāng cái lín yǔ de xiǎo nǚ hái cǐ shí dòng de zhí
了车厢里。刚才淋雨的小女孩此时冻得直

wǒ shēn qiè de gǎn dào dāng nǐ hé qún zhòng jiāo shàng le zhī xīn péng you shòu dào
我深切地感到：当你和群众交上了知心朋友，受到
qún zhòng de yōng hù zhè biàn huì gěi nǐ dài lái wú qióng de lì liàng zài dà de kùn nan
群众的拥护，这便会给你带来无穷的力量，再大的困难
yě néng kè fú wú lùn shén me jiān kǔ de huán jìng zhōng dōu huì shǐ nǐ gǎn dào wēn nuǎn
也能克服，无论什么艰苦的环境中，都会使你感到温暖
hé xìng fú
和幸福。

◎雷锋语录

duō suo zuǐ chún dōu yǒu xiē fā zǐ léi fēng èr huà bù shuō jiù tuō
哆嗦，嘴唇都有些发紫。雷锋二话不说就脱
xià zì jǐ de yī fu gěi xiǎo nǚ hái pī shàng tā dān xīn tā men
下自己的衣服，给小女孩披上。他担心他们
è le yòu bǎ zì jǐ de mán tou fēn gěi le tā men
饿了，又把自己的馒头分给了他们。

dāng huǒ chē dào dá shěn yáng de shí hou tiān hái zài xià zhe dà
当火车到达沈阳的时候，天还在下着大
yǔ léi fēng chǒu le yī yǎn wài miàn de dà yǔ yòu jiāng zì jǐ de
雨。雷锋瞅了一眼外面的大雨，又将自己的
yǔ yī pī dào dà sǎo shēn shàng zì jǐ bēi qǐ xiǎo nǚ hái yào sòng
雨衣披到大嫂身上，自己背起小女孩，要送
dà sǎo huí jiā
大嫂回家。

dà sǎo bù hǎo yì sī zài má fán léi fēng yī zài tuī cí léi
大嫂不好意思再麻烦雷锋，一再推辞，雷
fēng hěn jiān chí shuō zhè me dà de yǔ nín dài zhe hái zǐ bù
锋很坚持，说："这么大的雨，您带着孩子不
hǎo huí qù hái shì ràng wǒ sòng ba yī diǎn yě bù má fán de
好回去，还是让我送吧，一点也不麻烦的。"

dà sǎo niù bù guò léi fēng zhǐ hǎo ràng léi fēng sòng zì jǐ dào
大嫂拗不过雷锋，只好让雷锋送自己到
jiā mén kǒu
家门口。

sòng huí jiā yǐ hòu léi fēng jiù yào lí kāi dà sǎo què rè lèi
送回家以后，雷锋就要离开，大嫂却热泪
yíng kuàng dì zhuā zhù tā de shǒu shuō xiǎo zhàn shì wǒ kě zěn
盈眶地抓住他的手，说："小战士，我可怎

me gǎn xiè nǐ a
么感谢你啊！”

dà sǎo nín bù yòng gǎn xiè wǒ zhè shì wǒ yīng gāi zuò de
“大嫂，您不用感谢我，这是我应该做的。”

léi fēng zǒu dào nǎ ér hǎo shì zuò dào nǎ er yǒu xiē rén huì
雷锋走到哪儿，好事做到哪儿。有些人会
shuō nǎ lǐ yǒu nà me duō xū yào bāng zhù de rén qí shí bù shì
说，哪里有那么多需要帮助的人？其实不是
méi yǒu ér shì hěn shǎo yǒu rén liú yì shēng huó dāng zhōng chù chù
没有，而是很少有人留意。生活当中，处处
kě yù dào xū yào bāng zhù de rén xiàng zài gōng gòng qì chē shàng kàn
可遇到需要帮助的人，像在公共汽车上看
dào de méi yǒu zuò wèi de yùn fù chāo shì qián tí bù dòng dài zǐ de
到的没有座位的孕妇，超市前提不动袋子的
lǎo rén yòu huò zhě shì bù xiǎo xīn jiāng dōng xī yí luò de rén
老人，又或者是不小心将东西遗落的人……
zhǐ yào wǒ men yǒu le yī kē xiàng léi fēng yī yàng zhù rén wéi lè
只要我们有了一颗像雷锋一样“助人为乐”
de xīn wǒ men de shēng huó jiù huì chéng xiàn chū gèng měi hǎo de
的心，我们的生活就会呈现出更美好的
zī tài
姿态。

xiào wài fǔ dǎo yuán
校外辅导员

léi fēng bù zhǐ dāi zài bù duì lǐ fā guāng fā rè tā yě qù
雷锋不只待在部队里发光发热，他也去

学校，用自己的精神照耀着可爱的孩子们。

孩子们很喜欢雷锋，都亲切地称呼他为“雷锋叔叔”。雷锋很喜欢这个称呼，他觉得，虽然在党的面前，自己永远是个孩子，但是在孩子们面前，他已经是个大人了。

后来，雷锋受连队党支部的委托和孩子们的热情邀请，担任了抚顺市建设街小学（现已改名为“雷锋小学”）和本溪路小学少先队组织的校外辅导员。

每次雷锋穿着军装、戴着红领巾来到学校，孩子们都会热情地把他围住，欢呼着“雷锋叔叔”、“欢迎雷锋叔叔”。大家如果

xiǎng tīng gù shi léi fēng jiù huì zuò zài tā men zhōng jiān gěi tā
想听故事，雷锋就会坐在他们中间，给他
men jiǎng tā zuì xǐ huān de máo zhǔ xí de gù shi dà jiā tīng de
们讲他最喜欢的毛主席的故事，大家听得
jīn jīn yǒu wèi tā yě jiǎng de hěn jìn xìng
津津有味，他也讲得很尽兴。

dāng rán bù shì suǒ yǒu xué shēng dōu huì xū xīn xué xí zūn
当然，不是所有学生都会虚心学习、遵
shǒu jì lǜ jiàn shè jiē xiǎo xué liù nián jí èr bān jiù yǒu gè xué
守纪律。建设街小学六年级二班就有个学
shēng zhè gè xué shēng gè zi tǐng gāo què yī zhí tiáo pí dǎo dàn
生，这个学生个子挺高，却一直调皮捣蛋，
suī rán hěn cōng míng què bù yuàn yì xué xí zhè ràng zhōng duì wěi
虽然很聪明，却不愿意学习。这让中队委
yuán men hěn shì tóu téng jué de zhè gè xué shēng yǐ jīng wú yào kě
员们很是头疼，觉得这个学生已经无药可
jiù bù yuàn yì zài guǎn jiào le
救，不愿意再管教了。

léi fēng tīng shuō hòu zhǔ dòng yāo qiú zuò zhè wèi tóng xué de
雷锋听说后，主动要求做这位同学的
gōng zuò tā duì zhōng duì wěi yuán shuō bāng zhù tóng xué jìn
工作，他对中队委员说："帮助同学进
bù ràng tā míng bái xué xí de zhòng yào xìng shì wǒ men dà jiā de
步，让他明白学习的重要性是我们大家的
zé rèn tā gōng kè bù hǎo nà jiù quàn dǎo tā lái cān jiā xué xí
责任。他功课不好，那就劝导他来参加学习
xiǎo zǔ bāng tā bǔ kè fàng qì tā shì bù duì de
小组，帮他补课，放弃他是不对的。"

zì cǐ zhī hòu léi fēng měi cì lái dào xué xiào dōu yào qù zhǎo
自此之后，雷锋每次来到学校都要去找
zhè wèi tóng xué tán tán xīn gěi tā jiǎng jiǎng yǒu qù de gù shi hái
这位同学谈谈心，给他讲讲有趣的故事，还
yuē tā qù bù duì lǐ wán léi fēng de nǔ lì jiàn jiàn yǒu le chéng
约他去部队里玩。雷锋的努力渐渐有了成
xiào
效。

yǒu yī cì liù nián jí èr bān de tóng xué hé léi fēng yī qǐ
有一次，六年级二班的同学和雷锋一起
dào jiāo wài jiǎn suì zhuān dà jiā dōu zài zhuān xīn jiǎn zhuān de shí
到郊外捡碎砖。大家都在专心捡砖的时
hou zhè wèi tiáo pí de tóng xué tōu tōu mō jìn le léi fēng kāi lái de
候，这位调皮的同学偷偷摸进了雷锋开来的
qì chē de jià shǐ shì lǐ tā zài lǐ miàn dōng mō mō xī pèng
汽车的驾驶室里。他在里面东摸摸、西碰
pèng xìng fèn de wò zhù fāng xiàng pán zuò chū kāi chē de jià shì
碰，兴奋得握住方向盘，做出开车的架势，
zuǐ lǐ hái jiào zhe qián jìn
嘴里还叫着："前进！"

dāng zhè wèi tóng xué zhèng chén jìn zài zì jǐ kāi chē de huàn
当这位同学正沉浸在自己开车的幻
xiǎng zhōng chē mén tū rán bèi léi fēng dǎ kāi le hái zi xià le
想中，车门突然被雷锋打开了。孩子吓了
yī tiào xīn xiǎng kěn dìng yào bèi pī píng le shuí zhī léi fēng zhǐ
一跳，心想肯定要被批评了。谁知，雷锋只
shì wēn róu de xiào zhe wèn nǐ xǐ huān kāi chē
是温柔地笑着问："你喜欢开车？"

hái zi diǎn diǎn tóu dàn shì yòu bǔ chōng shuō kě wǒ xué
孩子点点头，但是又补充说：“可我学

bù huì
不会。”

zhǐ yào yòng xīn xué méi yǒu shén me shì xué bù huì de
“只要用心学，没有什么是学不会的。”

léi fēng dā ying tā shuō děng nǐ jiǎn wán zhuān wǒ jiāo nǐ kāi
雷锋答应他说，“等你捡完砖，我教你开

qì chē
汽车。”

hái zi yī tīng kě yǐ xué kāi qì chē lì kè kāi xīn de tiào
孩子一听可以学开汽车，立刻开心地跳

xià chē qù hé dà jiā yī qǐ gàn huó léi fēng shuō dào zuò dào
下车去，和大家一起干活。雷锋说到做到。

nà hái zi jiǎn wán zhuān tóu yǐ hòu léi fēng zhēn de kāi shǐ jiāo tā
那孩子捡完砖头以后，雷锋真的开始教他

kāi chē kě bù guǎn zěn me jiāo nà hái zi yě tīng bù dǒng zhì
开车。可不管怎么教，那孩子也听不懂，稚

◎雷锋担任辅导员发的奖状

nèn de liǎn páng shàng dōu shì kùn huò hé chóu róng
嫩的脸庞上都是困惑和愁容。

léi fēng chèn jī quàn tā nǐ kàn kāi chē dōu zhè me kùn
雷锋趁机劝他："你看，开车都这么困

nan nǐ zhǎng dà hòu fù zé de gōng zuò huì gèng kùn nan nǐ xiàn
难，你长大后负责的工作会更困难。你现

zài bù hǎo hǎo xué xí bù nǔ lì zhǎng wò běn lǐng yǐ hòu zěn me
在不好好学习，不努力掌握本领，以后怎么

wèi rén mín fú wù wèi zǔ guó jiàn shè zuò gòng xiàn jì rán xiàn zài
为人民服务，为祖国建设做贡献？既然现在

yǒu zhè me hǎo de xué xí tiáo jiàn yīng gāi hǎo hǎo bǎ wò ya
有这么好的学习条件，应该好好把握呀！"

hái zi tīng le léi fēng de zhè fān huà hěn shòu chù dòng dā ying
孩子听了雷锋的这番话很受触动，答应

léi fēng jīn hòu yī dìng gǎi zhèng quē diǎn hǎo hǎo xué xí hòu lái
雷锋今后一定改正缺点，好好学习。后来，

zhè hái zi rú tā bǎo zhèng de nà yàng kè fú le quē diǎn nǔ
这孩子如他保证的那样，克服了缺点，努

lì xué xí zài gè fāng miàn dū qǔ dé le hěn dà de jìn bù
力学习，在各方面都取得了很大的进步。

yī tiān zhè gè hái zi tū rán pǎo dào yùn shū lián lǐ zhǎo léi
一天，这个孩子突然跑到运输连里找雷

fēng kāi xīn de gào sù léi fēng léi fēng shū shu wǒ jiā rù
锋，开心地告诉雷锋："雷锋叔叔，我加入

shào nián xiān fēng duì la
少年先锋队啦！"

kàn zhe hái zi xiōng qián de hóng lǐng jīn léi fēng hěn shì xīn
看着孩子胸前的红领巾，雷锋很是欣

wèi tài hǎo le zhù hè nǐ
慰："太好了，祝贺你！"

léi fēng jiù xiàng yī zhǎn zhǐ lù míng dēng yě xǔ bù rú wěi
雷锋就像一盏指路明灯，也许不如伟
rén nà bān guāng máng wàn zhàng què kě yǐ zhào liàng shēn biān de
人那般光芒万丈，却可以照亮身边的
měi yī gè rén tā zài hēi àn de lù biān jìng jìng de sàn fā zhe
每一个人。他在黑暗的路边静静地散发着
guāng máng wèi mí shī fāng xiàng de rén zhǐ yǐn chū yī tiáo chōng mǎn
光芒，为迷失方向的人指引出一条充满
guāng liàng de dào lù tā jiù xiàng yī wèi shǒu hù shén wèi shēn
光亮的道路。他就像一位守护神，为身
biān de rén bǎo jià hù háng
边的人保驾护航。

xiǎo xiǎo tú shū guǎn
小小图书馆

bān zhǎng zhè shì gè xǔ duō péng yǒu zài shú xi bù guò de
班长，这是个许多朋友再熟悉不过的
chēng wèi le léi fēng zài bù duì céng dāng guò fù bān zhǎng bān
称谓了。雷锋在部队曾当过副班长、班
zhǎng tā dài lǐng zhe tā suǒ zài de sì bān de zhàn yǒu men gòng tóng
长，他带领着他所在的四班的战友们共同
fèn dǒu gòng tóng jìn bù chéng le lián lǐ chū le míng de xiān jìn
奋斗、共同进步，成了连里出了名的先进
jí tǐ
集体。

léi fēng zuò bān zhǎng shí zuì wéi rén jīn jīn lè dào de jiù shì
雷锋做班长时，最为人津津乐道的就是
tā de tú shū guǎn zhè gè tú shū guǎn de yóu lái hái yào
他的“图书馆”。这个图书馆的由来，还要
cóng tā bāng zhù zhàn yǒu bǔ xí wén huà kè shuō qǐ
从他帮助战友补习文化课说起。

léi fēng yǒu gè zhàn yǒu jiào xiǎo qiáo xiǎo qiáo zhè rén suī rán
雷锋有个战友，叫小乔。小乔这人虽然
gōng zuò yòng xīn nǔ lì dàn shì wén huà chéng dù què bù gāo bù
工作用心努力，但是文化程度却不高。部
duì lǐ kāi shǐ pǔ jí wén huà kè xiǎo qiáo gēn bù shàng dà jiā de
队里开始普及文化课，小乔跟不上大家的
xué xí jìn dù wèi cǐ hěn shì tóu téng léi fēng jiàn cǐ zì gào
学习进度，为此很是头疼。雷锋见此，自告
fèn yǒng de qù bāng tā bǔ xí shǒu bǎ shǒu jiāo tā xiě zì shí
奋勇地去帮他补习，手把手教他写字，时
cháng gǔ lì jī lì tā gěi tā xìn xīn zài léi fēng de bāng zhù
常鼓励、激励他，给他信心。在雷锋的帮助
xià xiǎo qiáo de wén huà shuǐ píng zhōng yú yǒu le jìn bù bù duì
下，小乔的文化水平终于有了进步，部队
lǐ jìn xíng yǔ wén kǎo shì shí hái ná le fēn
里进行语文考试时还拿了100分。

xiǎo qiáo ná zhe chéng jì dān gāo xìng de liàng gěi léi fēng
小乔拿着成绩单，高兴地亮给雷锋
kàn xìng fèn de shuō léi fēng nǐ kàn wǒ dé le fēn
看，兴奋地说：“雷锋，你看，我得了100分！
wǒ zhè fēn lǐ yǒu fēn shì nǐ de
我这100分里，有50分是你的。”

léi fēng kàn dào xiǎo qiáo de chéng jì tì tā gāo xìng qiān
雷锋看到小乔的成绩，替他高兴，谦
xū de duì tā shuō shén me wǒ de fēn zhè shì nǐ zì jǐ
虚地对他说："什么我的50分，这是你自己
nǔ lì de chéng guǒ
努力的成果。"

yǔ wén yī kē de bǔ xí jié shù méi yǒu duō jiǔ lián lǐ yòu
语文一科的补习结束没有多久，连里又
yāo qiú zhàn shì men bǔ xí shù xué kè zhè ràng gāng cóng yǔ wén
要求战士们补习数学课。这让刚从语文
zhǎo dào zì xìn de xiǎo qiáo zài cì tóu téng qǐ lái xiǎo qiáo běn shì
找到自信的小乔再次头疼起来。小乔本是
xìn xīn mǎn mǎn de qù shàng shù xué kè shéi zhī yī jié kè guò
信心满满地去上数学课，谁知一节课过
hòu què chuí tóu sàng qì de huí lái le tā jǔ sàng de duì léi fēng
后，却垂头丧气地回来了。他沮丧地对雷锋
shuō kàn lái wǒ zhè shuǐ píng hái shì bù xíng shù xué shì xué bù
说："看来我这水平还是不行，数学是学不
huì le
会了。"

léi fēng dāng rán bù xìn xiǎo qiáo xué bù huì shù xué tā bù
雷锋当然不信小乔学不会数学，他不
néng rèn yóu xiǎo qiáo zhè yàng xiāo chén xià qù tā kāi shǐ gěi xiǎo qiáo
能任由小乔这样消沉下去，他开始给小乔
bǔ xí shù xué kě shì lián xù bǔ le jǐ tiān yě méi jiàn shén me
补习数学。可是连续补了几天，也没见什么
xiào guǒ xiǎo qiáo de shù xué guǒ zhēn bù rú yǔ wén shàng shǒu kuài
效果。小乔的数学果真不如语文上手快，

总是弄不明白其中的道理。这让小乔更加沮丧了。

看到小乔逐渐失去了学习的信心，雷锋很是着急，又不知该怎样激励小乔。正巧雷锋在报纸上看到了一篇名为“毛主席关怀警卫战士学文化”的文章，他灵光一现，立刻拿着报纸去找小乔。

雷锋指着报纸上的文章说：“看看这篇文章，就是专门为你写的。”

“为我写的？”小乔对雷锋的话很是摸不着头脑，他一个普通小战士，怎么会有人专门为他写文章。

雷锋不理会小乔的质疑，只是把报纸递到小乔眼前，说：“你自己看看吧。”

xiǎo qiáo ná guò bào zhǐ yī yǎn jiù kàn dào shàng miàn yǒu zhāng
小乔拿过报纸，一眼就看到上面有张
máo zhǔ xí gěi zhàn shì jiǎng kè de zhào piàn xīn lǐ yī rè jiù
毛主席给战士讲课的照片，心里一热，就
pò bù jí dài de cuī léi fēng bǎ wén zhāng nèi róng dú gěi tā tīng
迫不及待地催雷锋把文章内容读给他听。

léi fēng ná qǐ bào zhǐ dú le qǐ lái biān dú biān gěi xiǎo qiáo
雷锋拿起报纸读了起来，边读边给小乔
jiǎng jiě ràng tā shù lì xué xí de xìn xīn tīng wán le quán piān
讲解，让他树立学习的信心。听完了全篇
wén zhāng xiǎo qiáo shēn shòu gǎn dòng lián máo zhǔ xí dōu zhè yàng
文章，小乔深受感动：连毛主席都这样
nài xīn de guān zhù zhàn shì de xué xí zì jǐ zěn me néng qīng yì
耐心地关注战士的学习，自己怎么能轻易
fàng qì ne
放弃呢？

zhī dào gāi zěn me zuò de xiǎo qiáo chōng mǎn le dòu zhì tā
知道该怎么做的小乔充满了斗志，他
xiàng léi fēng bǎo zhèng dào bù guǎn yǒu duō kùn nan wǒ yě yào
向雷锋保证道：“不管有多困难，我也要
bǎ shù xué xué hǎo
把数学学好！”

léi fēng jiàn tā yòu yǒu le dòu zhì fēi cháng gāo xìng lì mǎ
雷锋见他又有了斗志，非常高兴，立马
ná chū zǎo jiù wèi xiǎo qiáo zhǔn bèi hǎo de běn hé gāng bǐ fàng dào
拿出早就为小乔准备好的本和钢笔，放到
xiǎo qiáo shǒu shàng shuō zhè gè gěi nǐ yòng tā men hǎo hǎo
小乔手上，说：“这个给你，用它们好好

xué xí ba
学习吧。”

xiǎo qiáo lián máng jù jué nǐ dōu gěi wǒ nà nǐ yòng shén
小乔连忙拒绝：“你都给我，那你用什
me
么？”

wǒ hái yǒu ne nǐ jiù fàng xīn shōu xià ba
“我还有呢，你就放心收下吧。”

xiǎo qiáo kàn léi fēng rú cǐ yǒu chéng yì zhī hǎo shōu xià zhī
小乔看雷锋如此有诚意，只好收下。之
hòu xiǎo qiáo bù hǎo yì si de xiàng léi fēng shuō néng bǎ nà
后小乔不好意思地向雷锋说：“能把那
zhāng bào zhǐ yě sòng wǒ ma wǒ xiǎng huí qù hǎo hǎo kàn kàn yòng
张报纸也送我吗？我想回去好好看看，用
lái jī lì zì jǐ
来激励自己。”

léi fēng dāng rán èr huà bù shuō jiù bǎ bào zhǐ gěi le xiǎo
雷锋当然二话不说就把报纸给了小
qiáo
乔。

děng guò le yī duàn shí rì léi fēng zài bǔ xí shí chū le jǐ
等过了一段时日，雷锋在补习时出了几
dào shù xué tí kǎo kǎo xiǎo qiáo xiǎo qiáo jiē guò lái yī kàn zì xìn
道数学题考考小乔。小乔接过来一看，自信
de shuō zhè bù nán hé qián jǐ rì de tā jiǎn zhí pàn ruò
地说“这不难”，和前几日的他，简直判若
liǎng rén
两人。

zuì hòu xiǎo qiáo bǎ dá àn jiāo gěi léi fēng jiǎn chá léi
最后，小乔把答案交给雷锋检查，雷
fēng kàn guò yǐ hòu fēi cháng jīng xǐ duì xiǎo qiáo chēng zàn dào
锋看过以后，非常惊喜，对小乔称赞道：
xiǎo qiáo nǐ jìn bù hěn dà
“小乔你进步很大。”

xiǎo qiáo bèi léi fēng kuā de bù hǎo yì si de mō mō nǎo dài
小乔被雷锋夸得不好意思地摸摸脑袋，
qiān xū de shuō dào hái bù shì duō kūi yǒu nǐ bāng wǒ yào bù
谦虚地说道：“还不是多亏有你帮我。要不
rán wǒ dào xiàn zài yě fēn bù qīng jiā jiǎn chéng chú
然，我到现在也分不清加减乘除。”

léi fēng de tú shū guǎn jiù shì fāng biàn xiàng xiǎo qiáo yī yàng
雷锋的图书馆，就是方便像小乔一样
xiǎng yào xué xí de zhàn yǒu de qǐ xiān léi fēng shì jiāng shū fàng
想要学习的战友的。起先，雷锋是将书放
zài kuà bāo lǐ hòu lái shū duō de fàng bù xià le tā jiù zì jǐ
在挎包里，后来书多得放不下了，他就自己
zuò le yī gè shū jià fàng shū gòng xiǎng yào kàn shū de suí shí jiè
做了一个书架放书，供想要看书的随时借
yuè zhè gè xiǎo shū jià jiù bèi dà jiā mìng míng wéi léi fēng tú
阅。这个小书架就被大家命名为“雷锋图
shū guǎn
书馆”。

jūn zhōng lǐ fà shī
军中理发师

léi fēng zǒng shì yī xīn wèi tā rén zháo xiǎng zài shēng huó
雷锋总是一心为他人着想，在生活
shàng wèi le ràng dà jiā néng gòu gèng jiā shū shì hé biàn lì xì
上，为了让大家能够更加舒适和便利，细
xīn de léi fēng zǒng néng xiǎng chū hǎo bàn fǎ
心的雷锋总能想出好办法。

yán rè de xià jì zhàn shì men měi tiān máng lù de gōng zuò
炎热的夏季，战士们每天忙碌地工作，
kāi chē wài chū zhí xíng rèn wu lái huí chà bù duō yào hào fèi dà bàn
开车外出执行任务，来回差不多要耗费大半
tiān de gōng fū gǎn shàng zhōng wǔ rì zhào qiáng hán shuǐ jiù shùn
天的工夫。赶上中午日照强，汗水就顺
zhe tóu pí yī gè jìn er de wǎng xià liú zhàn shì men tóu fa
着头皮一个劲儿地往下流。战士们头发
duǎn zhǎng de kuài rú guǒ bù néng jí shí lǐ fà zé gèng jiā nán
短，长得快，如果不能及时理发则更加难
nài kù rè yǒu de rén hái huì yīn cǐ ér zhòng shǔ bù dàn yǐng
耐酷热。有的人还会因此而中暑，不但影
xiǎng le shēn tǐ hái dān wù le gōng zuò
响了身体，还耽误了工作。

léi fēng zhù yì dào zhè yī diǎn xīn xiǎng kù shǔ shí jié
雷锋注意到这一点，心想：酷暑时节，
rú guǒ néng bāng zhàn shì men duō jiǎn jǐ cì tóu fa yě néng qǐ dào
如果能帮战士们多剪几次头发，也能起到

jiàng wēn de xiào guǒ léi fēng xiǎng dào zhè lǐ lì kè fù zhū xíng
降温的效果？雷锋想到这里，立刻付诸行
dòng tā zì fèi mǎi lái le lǐ fà gōng jù tóng shí yě xué xí le
动，他自费买来了理发工具，同时也学习了
jiǎn dān de lǐ fà jì qiǎo píng shí kàn lǐ fà shī men lǐ fà hěn jiǎn
简单的理发技巧。平时看理发师们理发很简
dān tā jué de zì jǐ dòng shǒu jiǎn tóu fa yīng gāi bù shì shén
单，他觉得，自己动手剪头发，应该不是什
me nán shì léi fēng xìng gāo cǎi liè de gēn dà jiā shuō wǒ yào yì
么难事。雷锋兴高采烈地跟大家说：我要义
wù wèi nǐ men jiǎn tóu fa la
务为你们剪头发啦！

tīng shuō léi fēng yào gěi dà jiā huǒ lǐ fà zhàn shì liú zhèng
听说雷锋要给大家伙理发，战士刘正
wǔ dì yī gè zì gào fèn yǒng yào léi fēng xiān gěi tā jiǎn zhōu liù
武第一个自告奋勇，要雷锋先给他剪。周六
de qīng chén liú zhèng wǔ zǎo zǎo de biàn duān zuò zài yǐ zi
的清晨，刘正武早早地便端坐在椅子
shàng děng zhe léi fēng gěi tā lǐ fà kàn dào liú zhèng wǔ mǎn liǎn
上，等着雷锋给他理发。看到刘正武满脸
qī dài de yàng zi léi fēng kāi shǐ jǐn zhāng qǐ lái shǒu zhōng wò
期待的样子，雷锋开始紧张起来，手中握
zhe jiǎn dāo tū rán bù zhī gāi rú hé xià shǒu le
着剪刀，突然不知该如何“下手”了。

xià dì yī jiǎn zi de shí hou hái hǎo kě shì dào le hòu
下第一剪子的时候还好，可是到了后
miàn léi fēng wò zhe jiǎn zi de shǒu jiù hǎo xiàng bù tīng shǐ huàn
面，雷锋握着剪子的手就好像不听使唤

了，一个劲儿地抖。只听刘正武“啊呀”一声大叫，然后握着头发委屈地说：“雷锋，你的剪刀捻住我的头发了，真疼！”雷锋连忙放下剪刀，道歉说：“对不起，对不起，是我的技术不佳。”刘正武扭过头说：“没关系，那我等你学好了理发再来吧。”这时，雷锋从刘正武的脸上看到了一种失望的表情，内心深深地自责和愧疚起来。本来，给大家义务理发，是个好想法，谁知好心没有办成好事儿，都是因为自己的理发技术太差了。雷锋这样想着。

任何人，就算他再有本事、再优秀，也不可能什么事情都会做。但是，所有事情只要努力学习都会做好的。从那以后，雷锋常

cháng lì yòng xiū xi shí jiān dào lǐ fà diàn xué xí lǐ fà lǐ fà
常利用休息时间到理发店学习理发。理发
diàn lǐ de shī fu men dōu hěn hǎo qí zhè me yī gè nián qīng de
店里的师傅们都很好奇，这么一个年轻的
zhàn shì zěn me tū rán yào xué xí lǐ fà ne zài léi fēng shuō
战士，怎么突然要学习理发呢？在雷锋说
míng le lái yì zhī hòu dà jiā bù dàn chēng zàn tā wèi zhàn yǒu zháo
明了来意之后，大家不但称赞他为战友着
xiǎng bāng zhù dà jiā jiě jué kùn nan de jīng shén hái zhǔ dòng bǎ
想、帮助大家解决困难的精神，还主动把
gè zì de shǒu yì jiāo gěi léi fēng
各自的手艺教给雷锋。

léi fēng jiǎo tà shí dì rèn zhēn xì xīn de xué xí lǐ fà jì
雷锋脚踏实地、认真细心地学习理发技
shù bù duàn mō suǒ qí zhōng de jì qiǎo jīng guò yī duàn shí
术，不断摸索其中的技巧。经过一段时
jiān léi fēng zhōng yú cóng lǐ fà diàn xué chéng guī lái zhè huí
间，雷锋终于从理发店学成归来。这回，
léi fēng kě shì dài zhe zhēn běn lǐng de jūn zhōng lǐ fà shī
雷锋可是带着真本领的“军中理发师”。
tā zhào jí zhàn yǒu men kāi shǐ zhèng shì wèi dà jiā lǐ fà zhī
他召集战友们，开始正式为大家理发。只
jiàn léi fēng zhàn zài zhàn shì shēn hòu jiǎn dāo zài fà jiān fēi wǔ
见雷锋站在战士身后，剪刀在发间飞舞，
dùn shí zhàn shì gǎn jué dào tóu shàng sī sī qīng liáng
顿时，战士感觉到头上丝丝清凉。

tóu fa jiǎn hǎo la nǐ jué de mǎn yì ma léi fēng rèn
“头发剪好啦，你觉得满意吗？”雷锋认

zhēn de xún wèn zhàn shì kàn zhe jìng zi lǐ de zì jǐ jué de jīng
真地询问。战士看着镜子里的自己，觉得精
shén le xǔ duō tā shēn chū dà mǔ zhǐ duì léi fēng de lǐ fà jì
神了许多，他伸出大拇指对雷锋的理发技
shù biǎo shì qīn pèi
术表示钦佩。

dà jiā dōu xiǎng gǎn shòu yī xià léi fēng de shǒu yì mén wài
大家都想感受一下雷锋的手艺，门外
pái qǐ le cháng duì xià yī wèi shuí lái lǐ fà léi fēng tái
排起了长队。“下一位谁来理发？”雷锋抬
tóu wèn le yī jù zhǐ jiàn liú zhèng wǔ cháo tā zǒu lái liú zhèng
头问了一句，只见刘正武朝他走来。刘正
wǔ jiāng xìn jiāng yí de shuō zhè huí bù huì niǎn zhù tóu fà le
武将信将疑地说：“这回不会捻住头发了
ba léi fēng pāi pāi tā de jiān bǎng shuō fàng xīn ba kěn
吧？”雷锋拍拍他的肩膀说：“放心吧，肯
dìng bù huì wǒ zhèng yào xiàng nǐ fā chū yāo qǐng ne yī huì er
定不会，我正要向你发出邀请呢！”一会儿
gōng fū léi fēng jiù wèi liú zhèng wǔ jiǎn chū le lì luò de duǎn
工夫，雷锋就为刘正武剪出了利落的短
fà zhěng gè rén kàn qǐ lái jīng shén bù shǎo cǐ shí de liú zhèng
发，整个人看起来精神不少。此时的刘正
wǔ hóng zhe liǎn shuō zhī qián wǒ duì dài nǐ de tài dù bù hǎo
武红着脸说：“之前我对待你的态度不好，
qǐng nǐ yuán liàng zhè me duǎn de shí jiān nǐ jiù néng jiǎn de zhè
请你原谅。这么短的时间，你就能剪得这
me hǎo wǒ zhēn shì duì nǐ guā mù xiāng kàn ya
么好，我真是对你刮目相看呀！”

zhàn shì men yī gè jiē yī gè léi fēng yī kè yě méi yǒu xiū xi jiān chí wèi zhòng duō de zhàn shì jiǎn wán tóu fa kàn dào dà jiā mǎn yì de wēi xiào léi fēng xīn xiǎng zhè me cháng shí jiān de nǔ lì méi yǒu bái fèi zì jǐ de fù chū shì zhí dé de

战士们一个接一个，雷锋一刻也没有休息，坚持为众多的战士剪完头发。看到大家满意的微笑，雷锋心想：这么长时间的努力没有白费，自己的付出是值得的。

hòu lái léi fēng wèi zhàn shì men lǐ fà de shì jì zài jūn yíng lǐ chuán kāi le dà jiā dōu qīn qiē de chēng tā wéi jūn zhōng lǐ fà shī bù jǐn jǐn zài xià tiān rèn hé jì jié zhǐ yào shì zhàn shì men xū yào léi fēng dōu huì xīn rán wèi tā men lǐ fà ér qiě bù shōu qǔ yī fēn qián

后来，雷锋为战士们理发的事迹在军营里传开了，大家都亲切地称他为“军中理发师”。不仅仅在夏天，任何季节，只要是战士们需要，雷锋都会欣然为他们理发，而且不收取一分钱。

chūn tiān bān de wēn nuǎn
春天般的温暖

léi fēng zuò liǎo xǔ duō hǎo rén hǎo shì dàn cóng lái dōu shì mò mò de bù zhāng yáng de

雷锋做了许多好人好事，但从来都是默默的，不张扬的。

yǒu cì yè lǐ jǐn jí jí hé léi fēng de zhàn yǒu xiǎo hán zài

有次夜里紧急集合，雷锋的战友小韩在

duì dài tóng zhì yào xiàng chūn tiān bān de wēn nuǎn duì dài gōng zuò yào xiàng xià tiān yī
对待同志要像春天般的温暖，对待工作要像夏天一
yàng de huǒ rè duì dài gè rén zhǔ yì yào xiàng qiū fēng sǎo luò yè yī yàng duì dài dí rén
样的火热，对待个人主义要像秋风扫落叶一样，对待敌人
yào xiàng yán dōng yī yàng cán kù wú qíng
要像严冬一样残酷无情。

◎雷锋语录

huāng luàn zhōng bù xiǎo xīn jiāng diàn píng lǐ de yán suān shuǐ lòng dào
慌乱中，不小心将电瓶里的盐酸水弄到
le zì jǐ de mián kù shàng shāo shí le jǐ gè xiǎo dòng děng jǐn
了自己的棉裤上，烧蚀了几个小洞。等紧
jí yǎn xí jié shù huí lái xiǎo hán yǐ jīng lèi dé gòu qiàng yě jiù
急演习结束回来，小韩已经累得够戗，也就
lǎn dé lǐ huì mián kù shàng de xiǎo dòng tuō le yī fú jiù tǎng zài
懒得理会棉裤上的小洞，脱了衣服就躺在
chuáng shàng shuì zhe le
床上睡着了。

zhí wán yè bān huí dào qǐn shì de léi fēng xiàng wǎng cháng yī
值完夜班回到寝室的雷锋，像往常一
yàng bǎ zhàn yǒu dēng kāi de bèi zi chóng xīn wèi tā men gài hǎo wèi
样把战友蹬开的被子重新为他们盖好。为
xiǎo hán gài bèi zi de shí hòu léi fēng fā xiàn xiǎo hán pò le dòng de
小韩盖被子的时候，雷锋发现小韩破了洞的
mián kù dāng shí de tiān qì zhèng lěng zǎo shàng yào shì chuān zhuó
棉裤。当时的天气正冷，早上要是穿着
zhè me yī tiáo pò le dòng de mián kù chū cāo děi duō lěng a
这么一条破了洞的棉裤出操，得多冷啊！

léi fēng bù rěn xīn ràng xiǎo hán chuān zhè yàng yī tiáo mián kù ái
雷锋不忍心让小韩穿这样一条棉裤挨
dòng jué dìng yào zài tiān liàng qián gěi xiǎo hán bǔ hǎo zhè tiáo kù zi
冻，决定要在天亮前给小韩补好这条裤子。
tā sì chù fān zhǎo hé shì de bǔ dīng bù kě fān lái fān qù fā
他四处翻找合适的补丁布，可翻来翻去，发
xiàn zì jǐ mián mào lǐ de chèn bù zuì hé shì yú shì léi fēng chāi
现自己棉帽里的衬布最合适，于是，雷锋拆
xià le zì jǐ mào zǐ shàng de mián bù yī zhēn yī xiàn de féng dào
下了自己帽子上的棉布，一针一线地缝到
le xiǎo hán de mián kù shàng
了小韩的棉裤上。

dì èr tiān xiǎo hán jīng yà de fā xiàn zì jǐ de mián kù shàng
第二天，小韩惊讶地发现自己的棉裤上
de dòng bù jiàn le pò le de dì fāng dōu yòng bù bǔ hǎo le tā
的洞不见了，破了的地方都用布补好了。他
jīng yà de wèn dào zhè zhēn shì guài ya wǒ de kù zi bèi bǔ
惊讶地问道：“这真是怪呀！我的裤子被补
hǎo le zhè shì shéi bāng wǒ bǔ de
好了。这是谁帮我补的？”

léi fēng méi yǒu shuō huà zhǐ shì yòng huǒ gōu zi tǒng zhuó lú
雷锋没有说话，只是用火钩子捅着炉
zi hǎo xiàng zhè yǔ tā wú guān shì de qí tā rén yě méi yǒu rén
子，好像这与他无关似的。其他人也没有人
yìng shēng dōu yáo tóu biǎo shì bù zhī dào zhǐ yǒu zuó tiān fù zé zhàn
应声，都摇头表示不知道。只有昨天负责站
gǎng de xiǎo qiáo kàn dào le zhè yī qiē kàn léi fēng shén me yě bù
岗的小乔，看到了这一切，看雷锋什么也不

shuō zhōng yú biē bù zhù jiāng shí qíng gào sù le xiǎo hán shì léi
说，终于憋不住将实情告诉了小韩：“是雷

fēng tā wèi le gěi nǐ bǔ kù zi bàn xiǔ dū méi shuì
锋！他为了给你补裤子，半宿都没睡！”

xiǎo hán bèi léi fēng shēn shēn gǎn dòng jǐn jǐn zhuā zhù liǎo léi
小韩被雷锋深深感动，紧紧抓住了雷

fēng de shǒu
锋的手。

léi fēng céng zài rì jì lǐ yǐn yòng guò zhè yàng yī duàn míng
雷锋曾在日记里引用过这样一段名

yán zhè duàn míng yán yě jiù shì tā zuò rén de xìn tiáo zhī yī duì
言，这段名言也就是他做人的信条之一：对

dài tóng zhì yào xiàng chūn tiān bān de wēn nuǎn léi fēng zuò dào le zhè
待同志要像春天般的温暖。雷锋做到了这

yī diǎn léi fēng duì bié rén de guān xīn yǔ bāng zhù bù shì kè yì
一点。雷锋对别人的关心与帮助，不是刻意

de shì bù zhuī qiú huí bào de tā xiàng chūn yǔ zī rùn zhe wàn wù
的，是不追求回报的。他像春雨，滋润着万物

dà dì què cóng lái dū shì wú shēng wú xī de
大地，却从来都是无声无息的。

sān gāo shàng de qíng cāo jìng yè fèng xiàn
三、高尚的情操：敬业奉献

rú guǒ nǐ shì yī dī shuǐ nǐ shì fǒu zī rùn le yī cùn tǔ dì rú guǒ nǐ
如果你是一滴水，你是否滋润了一寸土地？如果你

shì yī xiàn yáng guāng nǐ shì fǒu zhào liàng le yī fēn hēi àn rú guǒ nǐ shì yī
是一线阳光，你是否照亮了一分黑暗？如果你是一
kē liáng shi nǐ shì fǒu bǔ yù le yǒu yòng de shēng mìng rú guǒ nǐ shì yī kē zuì
颗粮食，你是否哺育了有用的生命？如果你是一颗最
xiǎo de luó sī dīng nǐ shì fǒu yǒng yuǎn jiān shǒu zài nǐ shēng huó de gǎng wèi shàng
小的螺丝钉，你是否永远坚守在你生活的岗位上？

léi fēng rì jì
——《雷锋日记》

kǔ liàn tóu dàn
苦练投弹

nián yuè rì léi fēng cān jūn rù wǔ chéng wéi xīn
1960年1月8日，雷锋参军入伍，成为新
bīng lián de yī gè zhàn shì jì xīng fèn yòu zì háo
兵连的一个战士，既兴奋又自豪。

xīn bīng lián xùn liàn de jī chǔ kē mù yǒu hěn duō qí zhōng yī
新兵连训练的基础科目有很多，其中一

◎雷锋和少先队员在一起雕像

xiàng shì tóu shǒu liú dàn miàn duì zhè gè kē mù dà jiā dōu
项是“投手榴弹”。面对这个科目，大家都
yuè yuè yù shì léi fēng yě bù lì wài
跃跃欲试，雷锋也不例外。

bān lǐ yǒu gè xìng wáng de zhàn shì shēn cái gāo dà kuí wú
班里有个姓王的战士，身材高大魁梧，
tóu shǒu liú dàn duì tā lái shuō jiǎn zhí jiù shì xiǎo cài yī dié zhǐ jiàn
投手榴弹对他来说简直就是小菜一碟。只见
tā xiàng qián pǎo le jǐ dà bù shùn shì rēng chū shǒu liú dàn qīng
他向前跑了几大步，顺势扔出手榴弹，轻
qīng sōng sōng jiù yuè guò liǎo mǐ wài de biāo zhǔn xiàn kě shì léi
轻松松就越过了50米外的标准线。可是，雷
fēng yòng le hěn dà lì qì yě méi dé dào yī gè hǎo chéng jì
锋用了很大力气也没得到一个好成绩。

léi fēng méi yǒu fàng qì jiē lián tiáo zhěng zī shì zhù yì yào
雷锋没有放弃，接连调整姿势，注意要
lǐng yī cì cì de rēng chū shǒu liú dàn kě shì chéng jì què hái
领，一次次地扔出手榴弹，可是，成绩却还
shì méi néng jí gé léi fēng gè tóu bù gāo yǔ běi fāng dà hàn xiāng
是没能及格。雷锋个头不高，与北方大汉相
bǐ lì liàng shàng shāo xiǎn bù zú liàn xí tóu dàn de chéng jì bù
比，力量上稍显不足。练习投弹的成绩不
lǐ xiǎng bù miǎn lìng léi fēng yǒu xiē jǔ sàng
理想，不免令雷锋有些沮丧。

xuē bān cháng zhàn zài yī páng quàn wèi dào léi fēng bù yào
薛班长站在一旁劝慰道：“雷锋，不要
huī xīn rèn hé shì qíng dōu yǒu yī gè xún xù jiàn jìn de guò chéng
灰心。任何事情都有一个循序渐进的过程，

màn màn lái zǒng huì liàn chū chéng jī de léi fēng diǎn diǎn tóu kě
慢慢来总会练出成绩的。”雷锋点点头，可
xīn lǐ hái shì biē zhe yī gǔ jìn er xiǎng zhe suī rán wǒ de shēn
心里还是憋着一股劲儿，想着：虽然我的身
tǐ tiáo jiàn yǒu xiàn dàn shì wǒ yào jiā bèi nǔ lì shǐ chéng jī dé dào
体条件有限，但是我要加倍努力使成绩得到
tí gāo
提高。

jiē xià lái de jǐ tiān léi fēng zhī yào yī yǒu shí jiān jiù pǎo dào
接下来的几天，雷锋只要一有时间就跑到
cāo chǎng shàng liàn xí tóu dàn shèn zhì chī fàn de shí hòu léi fēng
操场上练习投弹。甚至吃饭的时候，雷锋
xīn lǐ yě zài xiǎng zhe rú hé zhù yì yào lǐng rú hé bǎ shǒu liú dàn
心里也在想着如何注意要领，如何把手榴弹
rēng de gèng yuǎn
扔得更远。

jīng guò le duō cì liàn xí léi fēng de tóu dàn chéng jī fǎn ér
经过了多次练习，雷锋的投弹成绩反而
tuì bù le wèi shén me huì zhè yàng ne yóu yú liàn xí de guò yú
退步了。为什么会这样呢？由于练习得过于
pín fán léi fēng de shǒu bì dōu zhǒng le dà jiā huǒ dōu wèi léi fēng
频繁，雷锋的手臂都肿了。大家伙都为雷锋
dān xīn tā zì jǐ yě jí de qǐn shí nán ān xuē bān cháng ràng léi
担心，他自己也急得寝食难安。薛班长让雷
fēng xiān xiū xī jǐ tiān děng shēn tǐ huī fù le zài jìn háng liàn xí
锋先休息几天，等身体恢复了再进行练习。

zài tíng zhǐ liàn xí de rì zǐ lǐ léi fēng bìng méi yǒu bǎ tóu dàn
在停止练习的日子里，雷锋并没有把投弹

de shì qíng pāo zài nǎo hòu tā yòu xiàng bān cháng qǐng jiào le dòng zuò
的事情抛在脑后。他又向班长请教了动作

yào lǐng zhēn duì zì shēn tiáo jiàn xún zhǎo liàn xí de zhòng diǎn
要领，针对自身条件，寻找练习的重点。

léi fēng rù wǔ hòu cháng cháng duì zì jǐ shuō léi fēng
雷锋入伍后，常常对自己说：“雷锋，

yuàn nǐ zuò bào fēng yǔ zhōng de sōng bǎi bù yuàn nǐ zuò wēn shì lǐ
愿你做暴风雨中的松柏，不愿你做温室里

de ruò miáo shǒu bì gāng gāng huī fù léi fēng zài cì zhuā qǐ shǒu
的弱苗。”手臂刚刚恢复，雷锋再次抓起手

liú dàn liàn xí qǐ lái zhè cì liàn xí léi fēng bǎ zhòng diǎn fàng zài
榴弹练习起来。这次练习，雷锋把重点放在

le tóu dàn de jì qiǎo shàng
了投弹的技巧上。

zhēn duì bì lì bù zú de wèn tí léi fēng kāi shǐ liàn xí shuāng
针对臂力不足的问题，雷锋开始练习双

gàng biān duàn liàn biān xiǎng wǒ bù néng yīn wèi zì jǐ ér yǐng
杠。边锻炼，边想：我不能因为自己，而影

xiǎng le quán bān de chéng jì gèng hé kuàng zuò wèi yī gè hé gé
响了全班的成绩。更何况，作为一个合格

de zhàn shì měi yī xiàng xùn liàn dōu yīng gāi qǔ dé hǎo de chéng jì
的战士，每一项训练都应该取得好的成绩。

yī lián shí duō tiān léi fēng jiān chí liàn xí lì liàng zēng cháng
一连十多天，雷锋坚持练习，力量增长

le jì shù zhǎng wò le xìn xīn huí lái le kē mù kǎo hé de shí
了，技术掌握了，信心回来了。科目考核的时

jiān dào le léi fēng qīng sōng dì qǔ dé le yōu yì de chéng jì
间到了，雷锋轻松地取得了优异的成绩。
bān lǐ de zhàn yǒu dōu wèi tā pāi shǒu jiào hǎo léi fēng què miǎn tiǎn de
班里的战友都为他拍手叫好，雷锋却腼腆地
xiào le
笑了。

léi fēng yòng zì jǐ de nǔ lì huàn lái le hǎo chéng jì tā xiào
雷锋用自己的努力换来了好成绩，他笑
le zài kùn nan miàn qián léi fēng píng jiè ruì yì jìn qǔ zì qiáng
了。在困难面前，雷锋凭借锐意进取、自强
bù xī de jīng shén méi yǒu tuì suō zuì zhōng chéng gōng de zhàn shèng
不息的精神，没有退缩，最终成功地战胜
le zì jǐ
了自己。

nǐ yě yī dìng yǒu guò lèi sì de jīng lì shī bài yù dào cuò
你也一定有过类似的经历，失败、遇到挫
zhé bèi bié rén chāo yuè dāng nǐ yù dào zhǒng zhǒng kùn nán de
折、被别人超越……当你遇到种种困难的
shí hòu shì táo bì hái shì miàn duì
时候，是逃避，还是面对？

hǎo shì yī huǒ chē
好事一火车

rén de shēng mìng shì yǒu xiàn de kě shì wèi rén mín fú wù
“人的生命是有限的，可是为人民服务
shì wú xiàn de wǒ yào bǎ yǒu xiàn de shēng mìng tóu rù dào wú xiàn
是无限的，我要把有限的生命，投入到无限

de wèi rén mín fú wù zhōng qù léi fēng lè yú zhù rén fú wù rén
的为人民服务中去”。雷锋乐于助人、服务人
mín de shì qíng bù dàn fā shēng zài jūn yíng lǐ bǎi xìng jiā jiù lián
民的事情不但发生在军营里、百姓家，就连
zài huǒ chē shàng yě néng kàn dào léi fēng zuò hǎo shì de shēn yǐng
在火车上也能看到雷锋做好事的身影。

cān jūn hòu bù jiǔ léi fēng yīn wèi gōng zuò de xū yào cháng
参军后不久，雷锋因为工作的需要，常
cháng chéng huǒ chē chū chāi yǒu yī tiān léi fēng chéng huǒ chē cóng shěn
常乘火车出差。有一天，雷锋乘火车从沈
yáng dào lǚ shùn liè chē tíng kào zài mǒu gè zhàn diǎn shí yī wèi lǎo
阳到旅顺。列车停靠在某个站点时，一位老
dà niáng zhèng tí zhe zhòng zhòng de xíng lǐ wǎng chē shàng zǒu léi
大娘正提着重重的行李往车上走。雷
fēng gǎn máng shàng qián bāng lǎo dà niáng tí xíng lǐ hái bǎ zì jǐ
锋赶忙上前帮老大娘提行李，还把自己
de zuò wèi ràng gěi le tā
的座位让给了她。

shàng chē de lǚ kè yuè lái yuè duō chéng wù yuán men máng de
上车的旅客越来越多，乘务员们忙得
bù kě kāi jiāo léi fēng xīn xiǎng zuò wéi yī míng gòng chǎn dǎng
不可开交。雷锋心想：作为一名共产党
yuán wǒ de zé rèn jiù shì yào quán xīn quán yì de wèi rén mín fú
员，我的责任就是要全心全意地为人民服
wù yú shì tā kāi shǐ bāng chéng wù yuán duān dōng xi zhǐ yǐn lǚ
务。于是，他开始帮乘务员端东西、指引旅
kè lǚ kè men quán bù shàng chē yǐ hòu huǒ chē zài cì kāi dòng
客。旅客们全部上车以后，火车再次开动

le zhè shí léi fēng yòu kāi shǐ dǎ sǎo wèi shēng tā xiān shì ná qǐ
了。这时，雷锋又开始打扫卫生。他先是拿起
sào zhǒu bǎ zhěng gè chē xiāng de dì miàn quán dōu sǎo le yī biàn
扫帚，把整个车厢的地面全都扫了一遍。
rán hòu yòu cā zhuō zi cā bō li tā kàn dào lǚ kè pí bèi de
然后又擦桌子、擦玻璃。他看到旅客疲惫的
yàng zi jiù gǎn kuài dǎo lái rè shuǐ
样子，就赶快倒来热水。

yǒu wèi lǎo nǎi nǎi kàn dào léi fēng máng qián máng hòu yī kè dōu
有位老奶奶看到雷锋忙前忙后，一刻都
méi yǒu xiū xi tā guān qiē de shuō hái zi qiáo nǐ lèi de mǎn
没有休息。她关切地说："孩子，瞧你累得满
tóu dà hàn gǎn kuài xiū xi yī xià ba léi fēng xiào zhe shuō méi
头大汗，赶快休息一下吧。"雷锋笑着说："没
guān jì wǒ bù lèi
关系，我不累。"

léi fēng zài chē xiāng lǐ de yī jǔ yī dòng tóng yàng gǎn dòng le
雷锋在车厢里的一举一动同样感动了
hěn duō rén yī wèi gāng shàng chē de dà wèi shǒu cháng wò zhù léi fēng
很多人。一位刚上车的大尉首长握住雷锋
de shǒu chèng zàn dào dà jiā dōu yīng gāi xiàng nǐ xué xí
的手，称赞道："大家都应该向你学习！"
léi fēng dà shēng de huí dá wèi rén mín fú wù shì wǒ yīng gāi
雷锋大声地回答："为人民服务是我应该
zuò de
做的。"

liè chē fēi chí zhe lǚ kè men xiāng hù yě shú xī qǐ lái tā
列车飞驰着，旅客们相互也熟悉起来。他

……人民的困难，就是我的困难，帮助人民克服困难贡献自己的一点力量，是我应尽的责任。我是主人，是广大劳苦大众当中的一员，我能帮助人民克服一点困难，是最幸福的。

◎雷锋语录

们有的唠家常，有的打扑克，有的在看书……这时，车厢里的广播传来了乘务员的声音“旅客朋友们，大家好！现在我们要在车厢里选出一位旅客代表，大家觉得谁比较合适呢？”只见一位旅客站起来，伸手指向雷锋，高声喊道：“我们选这位解放军同志，大伙说好不好啊？”

旅客们边拍手鼓掌，边齐声回答：“好！”雷锋觉得仿佛有一股暖流涌上心头，

tā gǎn dòng de shuō xiè xiè dà jiā duì wǒ de xìn rèn yǐ hòu
他感动地说："谢谢大家对我的信任，以后
wǒ huì zuò de gèng hǎo
我会做得更好！"

chē shàng de lǚ kè lái zì wǔ hú sì hǎi xiàn zài qīn rè de
车上的旅客来自五湖四海，现在亲热得
jiù xiàng shì yī jiā rén yǒu de wèn léi fēng píng shí xǐ huān zuò shén
就像是一家人。有的问雷锋平时喜欢做什
me yǒu de gào sù léi fēng zì jǐ de gōng zuò qíng kuàng zài
么，有的告诉雷锋自己的工作情况……在
màn cháng de lǚ tú zhōng léi fēng yòng zì jǐ de ài xīn rè qíng
漫长的旅途中，雷锋用自己的爱心、热情
bǎ wèi rén mín fú wù de xíng dòng tǐ xiàn de lín lí jìn zhì
把为人民服务的行动体现得淋漓尽致。

léi fēng chū chāi yī qiān lǐ hǎo shì zuò le yī huǒ chē zhè
"雷锋出差一千里，好事做了一火车"。这
yàng kuài zhì rén kǒu de huà shì rén men duì léi fēng shí shí chù chù wèi
样脍炙人口的话，是人们对雷锋时时处处为
rén mín fú wù jīng shén de zǒng jié gèng kě guì de shì léi fēng jiāng
人民服务精神的总结，更可贵的是，雷锋将
fú wù rén mín de jīng shén chuán dì dào le měi gè rén de xīn zhōng
服务人民的精神传递到了每个人的心中。

cóng xiǎo dào dà wǒ men dōu shì zài fù mǔ de xī xīn hē hù
从小到大，我们都是在父母的悉心呵护
xià zhǎng dà de dōu shì zài yī wèi de suǒ qǔ jìng xià xīn lái hǎo
下长大的，都是在一味地索取。静下心来，好
hǎo de xiǎng yī xiǎng nǐ yǒu méi yǒu bǎ zì jǐ de ài jǐ yǔ fù
好地想一想，你有没有把自己的爱给予父

mǔ jǐ yǔ wǒ men shēn biān de péng you qīn rén miàn duì biān yuǎn
母，给予我们身边的朋友、亲人？面对边远
dì qū méi qián shàng xué de ér tóng nǐ yǒu méi yǒu fèng xiàn chū zì
地区，没钱上学的儿童，你有没有奉献出自
jǐ de ài xīn
己的爱心？

zhǐ yào rén rén dōu xiàn chū yī diǎn ài shì jiè jiāng biàn chéng
“只要人人都献出一点爱，世界将变成
měi hǎo de rén jiān yī gè guó jiā yī gè mín zú zài bù duàn
美好的人间”。一个国家，一个民族，在不断
chéng zhǎng de dào lù shàng shì duō me de xū yào lè yú fèng xiàn de
成长的道路上，是多么地需要乐于奉献的
rén jiù ràng wǒ men cóng xiǎo shì zuò qǐ cóng shēn biān zuò qǐ cóng
人。就让我们从小事做起，从身边做起，从
xiàn zài zuò qǐ xué huì fèng xiàn lè yú fèng xiàn
现在做起，学会奉献，乐于奉献。

yǒu yī fēn guāng fā yī fēn rè
有一分光，发一分热

xīng qī tiān zài léi fēng de yǎn lǐ sì hū hé píng cháng de
星期天，在雷锋的眼里，似乎和平常的
rì zi méi yǒu tài dà qū bié yīn wèi tā zǒng shì máng lù zhe gōng
日子没有太大区别，因为他总是忙碌着。工
zuò shí jiān léi fēng néng cóng zhōng zhǎo dào lè qù bù huì gǎn dào
作时间，雷锋能从中找到乐趣，不会感到
yàn juàn zài xiū xī de rì zi lǐ tā huì fèng xiàn chū zì jǐ de shí
厌倦；在休息的日子里，他会奉献出自己的时

bù jīng fēng yǔ zhǎng bù chéng dà shù bù shòu bǎi liàn nán yǐ chéng gāng yíng
不经风雨，长不成大树；不受百炼，难以成钢。迎
zhe kùn nàn qián jìn zhè yě shì wǒ men gé mìng qīng nián chéng zhǎng de bì jīng zhī lù yǒu
着困难前进，这也是我们革命青年成长的必经之路。有
lǐ xiǎng yǒu chū xi de qīng nián rén bì dìng shì lè yú chī kǔ de rén
理想有出息的青年人必定是乐于吃苦的人。

◎雷锋语录

jiān jìn liàng bāng zhù bié rén cóng zhōng gǎn shòu fèng xiàn dài lái de
间，尽量帮助别人，从中感受奉献带来的
xìng fú
幸福。

xià jì de yī gè zhōu mò dà jiā gè zì máng huó qǐ lái yǒu
夏季的一个周末，大家各自忙活起来，有
de jiào shàng huǒ bàn qù zhào xiàng yǒu de qù mǎi dōng xi
的叫上伙伴去照相，有的去买东西……

léi fēng zǎo zǎo qǐ lái dǎ sǎo wán wèi shēng dǎ suàn dào tú
雷锋早早起来，打扫完卫生，打算到图
shū guǎn jiè shū qù zǒu zài lù shàng mǎ lù de yòu qián fāng chuán
书馆借书去。走在路上，马路的右前方传
lái zhèn zhèn gē shēng zǎi xì yī tīng shì shè huì zhǔ yì hǎo
来阵阵歌声，仔细一听，是《社会主义好》。
léi fēng hǎo qí de shùn zhe gē shēng lái dào yī gè gōng dì nà lǐ
雷锋好奇地顺着歌声来到一个工地。那里
de gōng rén yǒu de zài tuī chē yùn zhuān kuài yǒu de tiāo zhe biǎn dàn
的工人有的在推车运砖块，有的挑着扁担
yùn sòng wù liào yī fú rú huǒ rú tú de láo dòng chǎng miàn
运送物料，一幅如火如荼的劳动场面。

zhè shí cóng gōng dì de dà lá bā lǐ chuán lái qīng cuì yuè ěr
这时，从工地的大喇叭里传来清脆悦耳
de shēng yīn tóng zhì men xiàn zài wǒ men kāi zhǎn yī xiàng láo
的声音，“同志们，现在我们开展一项劳
dòng bǐ sài bǐ yī bǐ shéi de gān jìn er zú bǐ yī bǐ shéi yòng
动比赛。比一比谁的干劲儿足，比一比谁用
tuī chē yùn de zhuān duō xiāng xìn zhè yī dìng shì nǐ men gè xiǎn qí
推车运的砖多！相信这一定是你们各显其
néng de hǎo jī huì yù zhù dà jiā néng qǔ de hǎo chéng jì léi
能的好机会，预祝大家能取得好成绩！”雷
fēng bèi zhè zhèn fèn rén xīn de chǎng miàn xī yǐn le xiǎng lì kè jiù
锋被这振奋人心的场面吸引了，想立刻就
jiā rù dào láo dòng jìng sài zhōng
加入到劳动竞赛中。

léi fēng kàn jiàn páng biān zhèng hǎo yǒu yī liàng kōng zhe de tuī
雷锋看见旁边正好有一辆空着的推
chē biàn shēn shǒu fú zhù bǎ shǒu páng biān de xiǎo wū lǐ yǒu yī wèi
车，便伸手扶住把手。旁边的小屋里有一位
lǎo dà ye kàn jiàn léi fēng de jǔ dòng jí máng wèn dào nǐ
老大爷，看见雷锋的举动急忙问道：“你
zhè shì yào bǎ chē tuī dào nǎ lǐ qù a léi fēng niǔ tóu huí dá
这是要把车推到哪里去啊？”雷锋扭头回答：
lǎo dà ye guǎng bō lǐ shuō mǎ shàng yào kāi shǐ yùn zhuān kuài de
“老大爷，广播里说马上要开始运砖块的
bǐ sài le wǒ yào yòng tā qù yùn sòng zhuān kuài hé gōng rén men
比赛了。我要用它去运送砖块，和工人们
yī qǐ láo dòng lǎo dà ye xīn wèi de xiào le xiào gāng xiǎng kāi
一起劳动！”老大爷欣慰地笑了笑，刚想开

kǒu wèn wèn zhè gè xiǎo huǒ zi shì shéi zhǐ jiàn léi fēng wǎn qǐ xiù
口问问这个小伙子是谁，只见雷锋挽起袖
zi tuī qǐ chē zi xiàng zhuān chǎng de fāng xiàng pǎo qù
子，推起车子，向砖场的方向跑去。

léi fēng hé gōng rén men jiāng yī kuài kuài de zhuān fàng jìn tuī chē
雷锋和工人们将一块块的砖放进推车
nèi zhuāng mǎn hòu kuài sù kāi shǐ yùn sòng zhè me zhěng jì yǒu xù
内，装满后，快速开始运送。这么整齐有序
de gōng zuò yuǎn yuǎn kàn qù jiù xiàng yī tiáo tiáo zhěng qí de liú
的工作，远远看去，就像一条条整齐的流
shuǐ xiàn dà jiā nǐ yī tàng wǒ yī tàng nǐ zhuī wǒ gǎn de láo
水线。大家你一趟、我一趟，你追我赶的，劳
dòng rè qíng yuè lái yuè gāo zhǎng hǎo jǐ gè lái huí xià lái léi fēng
动热情越来越高涨。好几个来回下来，雷锋
dà hán lín lí jūn zhuāng dōu kuài yào shī tòu le tā yòng gé bo mǒ
大汗淋漓，军装都快要湿透了。他用胳膊抹
qù liǎn shàng de hàn tuō diào jūn zhuāng shàng yī dā zài tuī chē de
去脸上的汗，脱掉军装上衣搭在推车的
fú shǒu shàng shāo wēi xiū xī piàn kè zài cì tóu rù dào jǐn zhāng
扶手上，稍微休息片刻，再次投入到紧张
de láo dòng zhī zhōng
的劳动之中。

yī wèi gōng rén kàn dào léi fēng mài lì de yùn zhuān kuài gǎn dào
一位工人看到雷锋卖力地运砖块，感到
mò míng qí miào shàng qián wèn dào nǐ shì nǎ gè dān wèi pài lái
莫名奇妙，上前问道：“你是哪个单位派来
de lái cān jiā yì wù láo dòng wǒ zěn me cóng lái méi jiàn guò
的？来参加义务劳动？我怎么从来没见过

nǐ
你？”

miàn duì gōng rén jiē lián pāo chū de wèn tí léi fēng xiào hē hē
面对工人接连抛出的问题，雷锋笑呵呵
de shuō shì nǐ men de láo dòng rè qíng xī yǐn wǒ lái dào zhè lǐ
地说：“是你们的劳动热情吸引我来到这里
de gōng rén mō mō nǎo dài yòu shuō jīn tiān kě shì xīng qī
的。”工人摸摸脑袋，又说：“今天可是星期
tiān nǐ xiàn chū zì jǐ de xiū xī shí jiān hé wǒ men yī qǐ láo
天，你献出自己的休息时间，和我们一起劳
dòng zhè yàng de jīng shén zhēn shì zhí dé wǒ men xué xí a
动。这样的精神真是值得我们学习啊！”

gōng dì de tuán zhī bù shū jì zǒu le guò lái wò zhù léi fēng
工地的团支部书记走了过来，握住雷锋
de shǒu zàn tàn dào jiě fàng jūn tóng zhì nǐ de gàn jìn er gǔ
的手，赞叹道：“解放军同志，你的干劲儿鼓
wǔ le gōng rén men yī xià wǔ de shí jiān wǒ men yǐ jīng chāo é
舞了工人们。一下午的时间，我们已经超额
wán chéng rèn wù wǒ men dōu yīng gāi xiàng nǐ xué xí
完成任务。我们都应该向你学习！”

léi fēng tīng de xīn lǐ nuǎn nuǎn de qiān xū de shuō wǒ
雷锋听得心里暖暖的，谦虚地说：“我
zhǐ shì jìn zì jǐ de néng lì wèi zǔ guó jiàn shè tiān zhuān jiā wǎ
只是尽自己的能力，为祖国建设添砖加瓦。
yǒu yī fēn rè jiù fā yī fēn guāng ba
有一分热就发一分光吧。”

shēng huó zhōng wǒ men zǒng jué dé xiū xī de shí jiān hěn nán
生活中，我们总觉得休息的时间很难

dé yī dào xiū xī rì jiù fàng sōng zì jǐ huí guò tóu lái què fā
得，一到休息日就放松自己。回过头来，却发
xiàn bǎo guì de shí jiān bèi wǒ men làng fèi le wǒ men yīng gāi xiàng léi
现宝贵的时间被我们浪费了。我们应该向雷
fēng yī yàng yuè shì zài xiū xī de shí hòu yuè yào zuò yī xiē yǒu yì
锋一样，越是在休息的时候，越要做一些有意
yì de shì qíng
义的事情。

hǎo bān zhǎng
好班长

léi fēng duì bié rén de guān xīn yǔ bāng zhù bù shì kè yì
雷锋对别人的关心与帮助，不是刻意
de shì bù qiú huí bào de tā xiàng chūn yǔ zī rùn zhe wàn wù
的，是不求回报的。他像春雨，滋润着万物
dà dì què cóng lái dōu shì wú shēng wú xī de tā rú cǐ kě
大地，却从来都是无声无息的。他如此可
ài dòng rén ràng zhōu wéi de rén bù dé bù fā zì zhēn xīn de
爱、动人，让周围的人不得不发自真心地
jìng pèi xǐ ài tā
敬佩、喜爱他。

chú le guān xīn zhàn yǒu men de rì cháng shēng huó wén huà
除了关心战友们的日常生活、文化
xué xí léi fēng zhè gè bān cháng duì zì jǐ fù zé de
学习，雷锋——这个班长，对自己负责的
gōng zuò tóng yàng jìn xīn jìn lì
工作同样尽心尽力。

léi fēng suǒ zài de sì bān jīng cháng yào kāi chē zhí xíng yùn
雷锋所在的四班，经常要开车执行运
shū rèn wù kāi chē suī bù xiàng dài qiāng dǎ zhàng yī yàng shí kè dōu
输任务。开车虽不像带枪打仗一样、时刻都
yǒu shēng mìng wēi xiǎn dàn yī jiù cún zài hěn duō bù què dìng xìng
有生命危险，但依旧存在很多不确定性，
yù dào gè zhǒng wèn tí kāi chē yùn shū qì cái shí cháng cháng huì
遇到各种问题。开车运输器材时，常常会
zài shān jiān gōng lù shàng xíng shǐ shān jiān dào lù zhǎi wān duō yóu
在山间公路上行驶。山间道路窄、弯多，尤
qí shì gǎn shàng tiān qì bù hǎo xíng chē gèng shì wēi xiǎn
其是赶上天气不好，行车更是危险。

◎雷锋班锦旗

léi fēng wèi le què bǎo chū rèn
雷锋为了确保出任
wù de zhàn yǒu xíng chē ān quán
务的战友行车安全，
huì gěi bān lǐ de zhàn yǒu zhì dìng
会给班里的战友制定
xǔ duō zhù yì shì xiàng tā men
许多注意事项。他们
měi cì yào chū chē qù mǒu dì léi
每次要出车去某地，雷
fēng zǒng shì gěi zhàn yǒu men tí qián
锋总是给战友们提前
zuò hǎo gōng kè xiān shú xi dào
做好功课：先熟悉道
lù liǎo jiě zhè tiáo dào lù shì fǒu
路，了解这条道路是否

yǒu shén me zhí dé zhù yì de dì fang zài fēn xī gāi zěn yàng bì
有什么值得注意的地方，再分析该怎样避
miǎn xíng chē zhōng de wèn tí chú cǐ zhī wài léi fēng hái hé duì
免行车中的问题。除此之外，雷锋还和队
yǒu yī qǐ zhì dìng le yī gè sì qín sān xiān wǔ bù chāo
友一起制定了一个“四勤、三先、五不超、
liù bù zǒu jiǔ màn de ān quán cuò shī
六不走、九慢”的安全措施。

sì qín qín jiǎn chá qín bǎo yǎng qín dū cù qín qīng
“四勤”：勤检查、勤保养、勤督促、勤清
xǐ
洗。

sān xiān xiān màn xiān ràng xiān tíng
“三先”：先慢、先让、先停。

wǔ bù chāo bù chāo sù bù chāo zài bù chāo gāo
“五不超”：不超速、不超载、不超高、
bù chāo cháng bù chāo kuān
不超长、不超宽。

liù bù zǒu xíng chē wén jiàn bù qí bù zǒu chē liàng jiǎn
“六不走”：行车文件不齐不走、车辆检
chá bù hǎo bù zǒu yóu liào bù zú bù zǒu rén yuán méi zuò hǎo bù
查不好不走、油料不足不走、人员没坐好不
zǒu cāo zuò jī xiè yǒu gù zhàng bù zǒu méi yǒu shàng jí shǒu zhǎng
走、操作机械有故障不走、没有上级首长
de zhǐ shì bù zǒu
的指示不走。

jiǔ màn zhuǎn wān màn jiāo chā lù kǒu màn pō dào
“九慢”：转弯慢、交叉路口慢、坡道

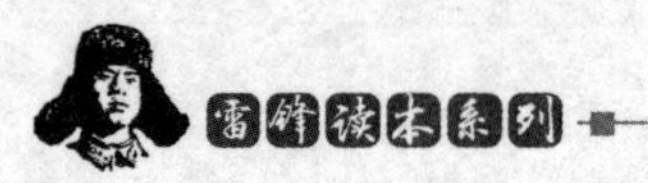

慢、人员多的地方慢、复杂气候慢、过铁道慢、道路不熟慢、桥梁渡口慢、错车慢。

上面这些行车安全措施，大概会让许多人都嗤之以鼻吧，觉得这样开车真是麻烦、死板，要严格按这个“措施”开车，得耽误多少时间？但百分百的安全就是靠这些“麻烦”的安全措施得以实现的。

雷锋带领的四班，他们一共在山区行车2.6万多公里，未发生过一起事故。“0”事故，这让许多司机都惊叹不已。更何况做到这点的，不是一个人，而是整个班。

雷锋这个班长，用自己的精神，用自己的行动，感染、带动着整个班集体。班

lǐ de měi gè rén dōu qián yí mò huà de xué huì le hù xiāng guān
里的每个人都潜移默化地学会了互相关
xīn xué dào le wén huà zhī shi dǒng dé le rén jiān zhēn qíng bǎo
心，学到了文化知识，懂得了人间真情，保
zhàng le gōng zuò shùn lì ān quán de zhǎn kāi
障了工作顺利安全地展开。

sì jìn qǔ de jīng shén ruì yì chuàng xīn
四、进取的精神：锐意创新

qīng chūn a yǒng yuǎn shì měi hǎo de kě shì zhēn zhèng de qīng chūn zhī shǔ
青春啊！永远是美好的。可是真正的青春，只属
yú zhè xiē yǒng yuǎn lì zhēng shàng yóu de rén yǒng yuǎn wàng wǒ láo dòng de rén
于这些永远力争上游的人，永远忘我劳动的人，
yǒng yuǎn qiān xū de rén
永远谦虚的人。

léi fēng rì jì
——《雷锋日记》

shǎn guāng de luó sī dīng
闪光的螺丝钉

fàng qì xué yè guò zǎo de jìn rù shè huì duì yú zhè gè xuǎn
放弃学业，过早地进入社会，对于这个选
zé léi fēng bìng méi yǒu hòu huǐ tā rèn wéi cān jiā gōng zuò shì wèi
择，雷锋并没有后悔。他认为，参加工作是为

zǔ guó jiàn shè chū yī fèn lì zài shè huì zhè suǒ dà xué lǐ tóng yàng
祖国建设出一份力，在社会这所大学里同样
néng gòu xué dào zhī shí
能够学到知识。

lí kāi xué xiào hòu léi fēng zài hú nán shěng wàng chéng xiàn dāng
离开学校后，雷锋在湖南省望城县当
shàng le yī míng gōng wù yuán jì qín kuài yòu hào xué de tā hěn kuài
上了一名公务员。既勤快又好学的他很快
jiù róng rù le zhè gè xīn de huán jìng xiàn wěi de tóng shì men dōu xǐ
就融入了这个新的环境，县委的同事们都喜
huān jiào tā xiǎo léi
欢叫他“小雷”。

yǒu yī tiān léi fēng péi zhāng shū jì yī tóng wài chū bàn lù
有一天，雷锋陪张书记一同外出。半路
shàng léi fēng cǎi dào yī kē luó sī dīng biàn shùn shì bǎ tā tī dào
上，雷锋踩到一颗螺丝钉，便顺势把它踢到
le lù biān zhāng shū jì yǎn jiàn xiǎo xiǎo de luó sī dīng gǔn dào lù
了路边。张书记眼见小小的螺丝钉滚到路
páng biàn wān xià yāo bǎ tā shí le qǐ lái chuī le chuī tǔ rán hòu
旁，便弯下腰把它拾了起来，吹了吹土，然后
fàng jìn le yī fú dōu li léi fēng kàn dào zhāng shū jì zhè me zuò
放进了衣服兜里。雷锋看到张书记这么做，
yǒu yī sī nà mēn ér bù guò tā méi xiǎng tài duō jiù jì xù cháo
有一丝纳闷儿。不过，他没想太多就继续朝
qián zǒu qù
前走去。

jǐ tiān hòu léi fēng yào dào gōng chǎng sòng xìn zhāng shū jì
几天后，雷锋要到工厂送信。张书记

bǎ tā jiào dào gēn qián duì tā shuō xiǎo léi nǐ kàn zhè shì shén
把他叫到跟前，对他说：“小雷，你看这是什
me léi fēng wǎng zhāng shū jì de shǒu zhōng yī kàn yuán lái shì
么？”雷锋往张书记的手中一看，原来是
nà kē luó sī dīng
那颗螺丝钉。

zhāng shū jì yǔ zhòng xīn cháng de shuō nǐ bǎ tā yě yī
张书记语重心长地说：“你把它也一
qǐ sòng dào gōng chǎng qù ba dāng qián wǒ men guó jiā wù zī kuì
起送到工厂去吧。当前我们国家物资匮
fá měi yī gè xiǎo líng jiàn dōu bù néng suí yì diū diào yī kē xiǎo
乏，每一个小零件都不能随意丢掉。一颗小
xiǎo de luó sī dīng jī qì quē le tā yě wú fǎ yùn xíng léi fēng
小的螺丝钉，机器缺了它也无法运行。”雷锋
jiē guò luó sī dīng bìng jǐn jǐn de zuàn zài shǒu lǐ xīn zhōng mò mò
接过螺丝钉，并紧紧地攥在手里，心中默默
de xiǎng wǒ yě yào xiàng luó sī dīng yī yàng fā huī chū zì jǐ zuì
地想：我也要像螺丝钉一样，发挥出自己最
dà de zuò yòng
大的作用。

màn màn rén shēng lù yī kē xiǎo xiǎo de luó sī dīng yǐng xiǎng
漫漫人生路，一颗小小的螺丝钉影响
le léi fēng de yī shēng cóng gōng rén dào zhàn shì cóng tuán yuán dào
了雷锋的一生。从工人到战士，从团员到
dǎng yuán léi fēng shǐ zhōng méi yǒu wàng jì luó sī dīng dài gěi zì jǐ
党员，雷锋始终没有忘记螺丝钉带给自己
de qǐ dí tā céng zài rì jì zhōng xiě xià
的启迪。他曾在日记中写下：

yī gè rén de zuò yòng duì yú gé mìng shì yè lái shuō jiù rú
一个人的作用，对于革命事业来说，就如
tóng yī jià jī qì shàng de luó sī dīng jī qì yǒu xǔ xǔ duō duō de
同一架机器上的螺丝钉。机器有许许多多的
luó sī dīng de lián jiē hé gù dìng cái chéng le yī gè jiān shí de
螺丝钉的连接和固定，才成了一个坚实的
zhěng tǐ cái néng gòu yùn zhuǎn zì rú fā huī tā jù dà de gōng
整体，才能够运转自如，发挥它巨大的工
zuò néng lì luó sī dīng suī xiǎo qí zuò yòng shì bù kě gū liàng
作能力。螺丝钉虽小，其作用是不可估量
de wǒ yuàn yǒng yuǎn zuò yī kē luó sī dīng
的，我愿永远做一颗螺丝钉。

luó sī dīng yào jīng cháng bǎo yǎng hé qīng xǐ cái bù huì shēng
螺丝钉要经常保养和清洗，才不会生
xiù rén de sī xiǎng yě shì zhè yàng yào jīng cháng jiǎn chá cái bù
锈。人的思想也是这样，要经常检查，才不
huì chū máo bìng
会出毛病。

……

léi fēng méi yǒu yīn wèi gǎng wèi de píng fán ér xiè dài ér shì
雷锋没有因为岗位的平凡而懈怠，而是
yì zhì jiān jué zhuī qiú shàng jìn bù duàn qiáng huà zì jǐ zài gōng
意志坚决、追求上进，不断强化自己，在工
zuò zhōng yǒu suǒ zuò wèi zhèng shì yīn wèi léi fēng dǒng dé le zhè yàng
作中有所作为。正是因为雷锋懂得了这样

de dào lǐ shǐ zhōng jiān chí zhe ruì yì jìn qǔ zì qiáng bù xī de
的道理，始终坚持着锐意进取、自强不息的
jīng shén
精神。

lǎo yī bèi gé mìng jiā dǒng bì wǔ céng jīng xiě liǎo yī shǒu shī
老一辈革命家董必武曾经写了一首诗——
gē yǒng léi fēng tóng zhì qí zhōng jǐ jù shì zhè yàng xiě de
《歌咏雷锋同志》，其中几句是这样写的：

luó sī dīng bù xiù lì shǐ sè cháng xīn
螺丝钉不锈，历史色长新，
zhī zuò píng fán shì jiē chéng jù lì zhēn
只作平凡事，皆成巨丽珍，
pǔ tōng yī zhàn shì shēng huó wèi rén mín
普通一战士，生活为人民。

zài wǒ men de shēng huó zhōng yǒu hěn duō bù qǐ yǎn de shì
在我们的生活中，有很多不起眼的事
wù dàn shì tā men dū yǒu zì jǐ de zuò yòng zhè gěi rén shēn kè
物，但是它们都有自己的作用。这给人深刻
de qǐ shì wǒ men yě yīng gāi xiàng léi fēng yī yàng zài shēng huó
的启示，我们也应该像雷锋一样，在生活
de diǎn dī zhōng rèn shí dào zì jǐ de zuò yòng bù duàn xué xí bù
的点滴中认识到自己的作用，不断学习，不
duàn xiàng shàng zuò yī kē bù huì shēng xiù de luó sī dīng
断向上，做一颗不会生锈的螺丝钉。

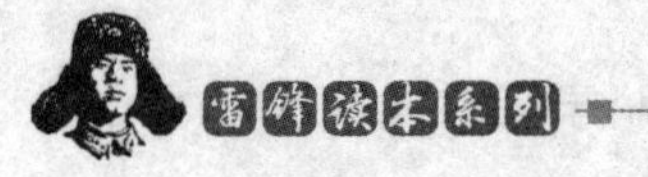

tuī tǔ jī néng shǒu

推土机能手

léi fēng lái dào ān shān gāng tiě chǎng gōng zuò yī xīn xiǎng zhe
雷锋来到鞍山钢铁厂工作，一心想着
hǎo hǎo gōng zuò bǎ zì jǐ de rè qíng hé néng lì quán dōu fā huī
好好工作，把自己的热情和能力全都发挥
chū lái
出来。

chǎng lǐng dǎo kàn dào léi fēng biǎo gé lǐ tián xiě zhe huì kāi tuō
厂领导看到雷锋表格里填写着会开拖
lā jī jiù ān pái léi fēng dāng tuī tǔ jī shǒu lǐng dǎo pāi pāi léi
拉机，就安排雷锋当推土机手。领导拍拍雷
fēng de jiān bǎng shuō xī wàng nǐ néng píng jiè zhī qián de jià
锋的肩膀，说：“希望你能凭借之前的驾
shǐ jīng yàn fā huī zì jǐ de cháng chù kāi hǎo tuī tǔ jī cóng
驶经验，发挥自己的长处，开好推土机。”从
zhè yī kè qǐ léi fēng xīn zhōng de láo dòng rè qíng gèng nóng le
这一刻起，雷锋心中的劳动热情更浓了，
pò bù jí dài de xiǎng tóu rù dào shēng chǎn zhōng qù
迫不及待地想投入到生产中去。

dì èr tiān léi fēng xìng zhì bó bó de lái dào méi chǎng xiàng
第二天，雷锋兴致勃勃地来到煤场，向
lǎo lǐ shī fù xué xí jià shǐ xíng hào de dà xíng tuī tǔ jī
老李师傅学习驾驶C－80型号的大型推土机。
léi fēng rèn zhēn tīng lǎo lǐ shī fù jiǎng jiě tā de cāo zuò jì qiǎo bìng
雷锋认真听老李师傅讲解它的操作技巧，并

jì lù xià yào lǐng xún wèn jià shǐ tuī tǔ jī yǔ tuō lā jī yǒu nǎ
记录下要领，询问驾驶推土机与拖拉机，有哪

xiē xiāng sì de dì fāng yòu yǒu nǎ xiē qū bié
些相似的地方、又有哪些区别。

měi tiān léi fēng dū jiān chí zǎo lái wǎn zǒu zhēn xī shóu xī zhè
每天雷锋都坚持早来晚走，珍惜熟悉这

gè dà jiā huǒ de měi yī fēn zhōng dāng qián gōng wèi tuī tǔ jī
个“大家伙”的每一分钟。当钳工为推土机

zuò jiǎn xiū de shí hòu léi fēng zǒng shì còu dào gēn qián biān kàn biān
做检修的时候，雷锋总是凑到跟前，边看边

xué yī diǎn diǎn liǎo jiě tā de nèi bù gòu zào hé xìng néng yuán lǐ
学，一点点了解它的内部构造和性能原理。

zhè yī qiē léi fēng de shī fù kàn zài yǎn lǐ xǐ zài xīn shàng jiàn
这一切，雷锋的师傅看在眼里，喜在心上，见

◎命名为“雷锋号”的 C-80 推土机

dào páng rén dōu yào kuā yī kuā zài wǒ jiāo guò de tú dì lǐ léi
到旁人都要夸一夸："在我教过的徒弟里，雷
fēng shì nián líng zuì xiǎo de kě shì shǔ tā xué de kuài xué de
锋是年龄最小的，可是，数他学得快、学得
hǎo xiàng léi fēng zhè yàng xū xīn hǎo xué rè ài gōng zuò néng gòu
好。像雷锋这样虚心好学、热爱工作，能够
zhuān xīn zhì zhì de tóu rù jìn lái bìng qiě yuàn yì zuàn yán de nián
专心致志地投入进来，并且愿意钻研的年
qīng rén zhēn shì nán dé a
轻人，真是难得啊！"

kāi tuī tǔ jī cháng nián zài lù tiān gōng zuò bù dàn yào jīng shòu
开推土机常年在露天工作，不但要经受
fēng chuī rì shài hái yào zài méi duī shàng lái huí xíng jìn suǒ yǐ xū
风吹日晒，还要在煤堆上来回行进，所以需
yào dìng qī wèi tuī tǔ jī qīng jié jiǎn chá yǐ què bǎo zài gōng zuò
要定期为推土机清洁、检查，以确保在工作
zhōng bù huì chū xiàn wèn tí duì tā de bǎo yǎng léi fēng cóng bù shū
中不会出现问题。对它的保养，雷锋从不疏
hū xià tiān hái hǎo shuō dōng tiān shì zuì kùn nán de yī fu chuān
忽。夏天还好说，冬天是最困难的。衣服穿
de tài hòu xíng dòng jiù bù gòu líng huó měi cì léi fēng dōu huì tuō diào
得太厚行动就不够灵活，每次雷锋都会脱掉
dà yī shóu liàn de cè shēn jìn dào tuī tǔ jī de dǐ pán xià miàn
大衣，熟练地侧身进到推土机的底盘下面，
yòng shǒu bǎ yóu cáo lǐ de shuǐ fàng chū lái rán hòu kāi shǐ qīng xǐ huá
用手把油槽里的水放出来，然后开始清洗滑
yóu bèng
油泵。

léi fēng rèn zhēn de zuò zhe měi yī gè bù zhòu bīng liáng de shǒu
雷锋认真地做着每一个步骤，冰凉的手
yǐ jīng biàn dé hēi hū hū le hún shēn lián shuǐ dài tǔ jìn shī de yī
已经变得黑乎乎了，浑身连水带土，浸湿的衣
fú dōu jié le bīng chá qīng xǐ gōng zuò jié shù hòu léi fēng qǐ
服都结了冰碴。清洗工作结束后，雷锋起
shēn shuāng shǒu hé zài yī qǐ yòng lì de cuō jī xià bù shí hē
身，双手合在一起用力地搓几下，不时呵
jī kǒu qì nuǎn huo nuǎn huo kàn kàn gān jìng de tuī tǔ jī nà zhǒng
几口气暖和暖和，看看干净的推土机，那种
chéng jiù gǎn shì bù yán ér yù de duì yú léi fēng lái shuō zhè me
成就感是不言而喻的。对于雷锋来说，这么
zuò bù guāng shì wèi le qīng jié tuī tǔ jī hái néng ràng zì jǐ gèng
做不光是为了清洁推土机，还能让自己更
jiā liǎo jiě tā
加了解它。

yī tiān zhōng wǔ tuī tǔ jī zài méi chǎng de xié pō shàng
一天中午，推土机在煤场的斜坡上
bà gōng le wǎn shang wèi nòng qīng chǔ tuī tǔ jī de gù
“罢工”了。晚上，为弄清楚推土机的故
zhàng léi fēng bù dàn zhǎo chū tuī tǔ jī de shuō míng shū
障，雷锋不但找出C－80推土机的说明书，
hái sōu jí le xiāng guān de jī xiè shū jí zhěng zhěng yī wǎn shang
还搜集了相关的机械书籍。整整一晚上，
tā dōu zài fān yuè zī liào yī xīn xiǎng zhe rú hé gōng kè tuī tǔ jī
他都在翻阅资料，一心想着如何攻克推土机
ài xī huǒ de nán tí gōng fū bù fù yǒu xīn rén zuì zhōng léi
爱熄火的难题。功夫不负有心人，最终，雷

fēng zhǎo dào tuī tǔ jī xī huǒ de yuán yīn tuī tǔ jī zài qīng xié jiǎo
锋找到推土机熄火的原因:推土机在倾斜角
dù dà de dì fāng gōng zuò hěn róng yì shǐ fā dòng jī chāo fù hé
度大的地方工作,很容易使发动机超负荷
yùn zhuǎn cóng ér shǐ qì gāng lǐ miàn jìn de yóu shǎo le kōng qì
运转,从而使汽缸里面进的油少了,空气
duō le zhè yàng yī lái tuī tǔ jī kěn dìng yào xī huǒ de
多了。这样一来,推土机肯定要熄火的。

léi fēng hé tóng shì yī qǐ gǎi jìn tuī tǔ jī de zuò yè fāng
雷锋和同事一起改进推土机的作业方
fǎ bì miǎn zài chū xiàn pá pō xī huǒ de xiàn xiàng jiā kuài le gōng
法,避免再出现爬坡熄火的现象,加快了工
zuò jìn dù wèi cǐ léi fēng shòu dào biǎo yáng bèi píng wèi chǎng lǐ
作进度。为此,雷锋受到表扬,被评为厂里
de xiān jìn shēng chǎn zhě
的“先进生产者”。

léi fēng kuà chū xué xiào de dà mén lái dào gōng chǎng hòu lái
雷锋跨出学校的大门,来到工厂,后来
yòu jìn rù jūn yíng zhè yī bù bù zǒu lái wú lùn zài nǎ lǐ zuò
又进入军营。这一步步走来,无论在哪里,做
shén me léi fēng dū yǐ gàn yī háng ài yī háng zhuān yī
什么,雷锋都以“干一行,爱一行,专一
háng jīng yī háng de jīng shén yào qiú zì jǐ zài píng fán de gǎng
行,精一行”的精神要求自己,在平凡的岗
wèi zhōng qǔ dé jiāo rén de chéng jì
位中取得骄人的成绩。

sú huà shuō háng háng chū zhuàng yuán zài xué xiào lǐ wǒ men
俗话说,行行出状元。在学校里我们

bù dàn yào zhēng dāng xué xí zhuàng yuán zhǎng dà hòu wǒ men
不但要争当“学习状元”，长大后，我们
gèng yào xiàng léi fēng yī yàng zài gōng zuò zhōng gàn yī háng ài
更要像雷锋一样，在工作中“干一行，爱
yī háng zhuān yī háng jīng yī háng zhēng dāng háng yè lǐ de
一行，专一行，精一行”，争当行业里的
jiǎo jiǎo zhě
佼佼者。

jǐ hé zuān
“挤”和“钻”

léi fēng céng xiě xià guò zhè yàng de huà
雷锋曾写下过这样的话：

yǒu xiē rén shuō gōng zuò máng méi yǒu shí jiān xué xí wǒ rèn wéi wèn tí bù
有些人说工作忙、没有时间学习。我认为问题不
zài gōng zuò máng ér zài yú nǐ yuàn bù yuàn yì xué xí huì bù huì jǐ shí jiān
在工作忙，而在于你愿不愿意学习，会不会挤时间。
xué xí de shí jiān shì yǒu de wèn tí shì wǒ men shàn bù shàn yú jǐ yuàn bù yuàn
学习的时间是有的，问题是我们善不善于挤，愿不愿
yì zuān
意钻。

yī kuài hǎo hao de mù bǎn shàng miàn yī gè yǎn yě méi yǒu dàn dīng zi wèi
一块好好的木板，上面一个眼也没有，但钉子为
shén me néng dīng jìn qù ne zhè jiù shì kào yā lì yìng jǐ jìn qù de yóu cǐ kàn
什么能钉进去呢？这就是靠压力硬挤进去的，由此看
lái dīng zi yǒu liǎng gè cháng chù yī gè shì jǐ jìn yī gè shì zuān jìn wǒ
来，钉子有两个长处：一个是挤劲，一个是钻劲。我

men zài xué xí shàng yě yào tí chàng zhè zhǒng dīng zi jīng shén shàn yú jǐ
们在学习上，也要提倡这种“钉子”精神，善于挤
hé zuān
和钻。

zhè jiù shì rén men suǒ shóu zhī de dīng zi jīng shén rú guǒ
这就是人们所熟知的“钉子精神”。如果
nǐ hái bù néng lǐng huì jǐ hé zuān de dīng zi jīng shén de
你还不能领会“挤”和“钻”的钉子精神的
huà nà jiù ràng wǒ men kàn kàn léi fēng shì rú hé yǐ shēn zuò zé fā
话，那就让我们看看雷锋是如何以身作则发
yáng dīng zi jīng shén de
扬钉子精神的。

yǒu yī cì léi fēng qù gōng rén jù lè bù kàn diàn yǐng dào diàn
有一次雷锋去工人俱乐部看电影。到电
yǐng yuàn hòu léi fēng xiǎng diàn yǐng kāi yǎn hái yǒu yī duàn shí jiān
影院后，雷锋想，电影开演还有一段时间，
jiù zài zì jǐ de zuò wèi shàng ná chū shū kàn qǐ lái zhè yī mù bèi
就在自己的座位上拿出书看起来。这一幕被
zuò zài hòu pái de yī gè xiǎo péng yǒu kàn dào nà gè xiǎo péng yǒu hào
坐在后排的一个小朋友看到，那个小朋友好
qí de tàn guò nǎo dài xiǎng kàn kàn zhè wèi jiě fàng jūn shū shū kàn
奇地探过脑袋，想看看这位解放军叔叔看
de jiū jìng shì shén me shū hǎo kàn dào zài diàn yǐng yuàn hái shě bù dé
的究竟是什么书，好看到在电影院还舍不得
fàng xià
放下。

shéi zhī zǎi xì yī kàn zhè bù jiù shì zì jǐ xué xiào de xiào wài
谁知仔细一看，这不就是自己学校的校外

fǔ dǎo yuán léi fēng shū shū ma hái zi jīng xǐ de gēn léi fēng dǎ zhāo
辅导员雷锋叔叔吗？孩子惊喜地跟雷锋打招
hū léi fēng shū shū
呼："雷锋叔叔。"

léi fēng huí guò tóu lái fā xiàn zhè wèi zuò zài zì jǐ shēn hòu
雷锋回过头来，发现这位坐在自己身后
de xiǎo péng yǒu xiǎo péng yǒu bǎ zì jǐ de yí wèn shuō le chū lái
的小朋友。小朋友把自己的疑问说了出来：
mǎ shàng jiù yào kāi yǎn le zhè me diǎn shí jiān nín hái kàn shū
"马上就要开演了，这么点时间，您还看书
a
啊！"

wǒ yǐ jīng kàn le sān sì yè le shí jiān yī diǎn yě bù
"我已经看了三四页了，时间一点也不
duǎn kàn yī yè shì yī yè ma xué xí bì xū yào zhuā jǐn shí
短，看一页是一页嘛。学习必须要抓紧时
jiān
间。"

suí hòu yòu wèn zhè wèi xiǎo péng yǒu nǐ xué xí zhuā jǐn shí
随后又问这位小朋友，"你学习抓紧时
jiān ma
间吗？"

xiǎo péng yǒu bù hǎo yì sī náo le náo tóu
小朋友不好意思，挠了挠头。

bù zhuā jǐn kě bù xíng nǐ men néng zài xué xiào lǐ shàng
"不抓紧可不行。你们能在学校里上
kè zhè me hǎo de huán jìng duō nán dé a suǒ yǐ gèng yào zhuā jǐn
课，这么好的环境，多难得啊。所以更要抓紧

shí jiān hǎo hǎo xué xí shuō dào zhè lǐ yòu jí máng bǔ chōng
时间，好好学习。”说到这里，又急忙补充

shuō yě bù shì yào zhuā jǐn suǒ yǒu shí jiān dōu yòng lái kàn shū
说，“也不是要抓紧所有时间都用来看书。

gāi xué xí de shí hòu jiù xué xí zhuā jǐn xué xí shí jiān de měi yī
该学习的时候就学习，抓紧学习时间的每一

fēn zhōng bù yào làng fèi
分钟，不要浪费。”

léi fēng yī zhí yán gé yào qiú zì jǐ zhuā jǐn xué xí de měi
雷锋一直严格要求自己，抓紧学习的每

yī fēn zhōng yǒu yī cì léi fēng de lǐng dǎo gāo zhǐ dǎo yuán céng mù
一分钟。有一次，雷锋的领导高指导员曾目

dǔ guò léi fēng zhuā jǐn shí jiān yè dú de qíng jǐng
睹过雷锋抓紧时间“夜读”的情景。

nà shì yī tiān wǎn shang dà duō shù zhàn shì dū yǐ xī dēng shuì
那是一天晚上，大多数战士都已熄灯睡

jiào gāo zhǐ dǎo yuán gāng cóng yíng bù kāi huì huí lái kàn dào lián bù
觉，高指导员刚从营部开会回来，看到连部

bàn gōng shì de dēng hái liàng zhe jiù guò qù kàn le yī yǎn yī jìn bàn
办公室的灯还亮着，就过去看了一眼。一进办

gōng shì gāo zhǐ dǎo yuán jiù kàn dào léi fēng zhèng zài dēng guāng xià
公室，高指导员就看到雷锋正在灯光下

mái tóu kǔ dú jiù lián tā zǒu jìn lái léi fēng dōu méi yǒu chá jué
埋头苦读，就连他走进来，雷锋都没有察觉。

gāo zhǐ dǎo yuán guān qiē de xún wèn léi fēng zěn me hái
高指导员关切地询问：“雷锋，怎么还

bù shuì jiào xué xí shì hěn zhòng yào dàn xiū xī yě hěn zhòng yào
不睡觉？学习是很重要，但休息也很重要。

yǐ jīng hěn wǎn le kuài qù xiū xi ba
已经很晚了，快去休息吧。”

léi fēng jiàn zhǐ dǎo yuán huí lái le lián máng zhàn qǐ lái yīng
雷锋见指导员回来了，连忙站起来应

dào wǒ dú wán zhè piān wén zhāng jiù qù shuì
道：“我读完这篇文章就去睡。”

cǐ shí yǐ jīng diǎn duō le gāo zhǐ dǎo yuán bǎi bǎi shǒu
此时已经11点多了，高指导员摆摆手

shuō nǐ míng tiān hái yào chū chē kuài qù shuì jiào ba
说：“你明天还要出车，快去睡觉吧。”

léi fēng xiǎng le xiǎng dí què shì yǒu xiē wǎn jiù suàn zì jǐ
雷锋想了想，的确是有些晚，就算自己

bù xiū xi zhǐ dǎo yuán yě gāi xiū xī le lián máng shōu shí le zì
不休息，指导员也该休息了。连忙收拾了自

jǐ de shū dá yìng le zhǐ dǎo yuán huí dào le zì jǐ de sù shè
己的书，答应了指导员，回到了自己的宿舍。

gāo zhǐ dǎo yuán de sù shè jiù shì lián bù bàn gōng shì de lǐ
高指导员的宿舍就是连部办公室的里

wū bàn yè gāo zhǐ dǎo yuán xǐng lái fā xiàn lián bù bàn gōng shì de
屋。半夜高指导员醒来，发现连部办公室的

dēng hái liàng zhe tā pī shàng yī fu guò qù yī kàn yuán lái shì léi
灯还亮着，他披上衣服过去一看，原来是雷

fēng yòu huí lái kàn shū le yī jiù shì jù jīng huì shén de mái tóu kǔ
锋又回来看书了，依旧是聚精会神地埋头苦

dú zhè cì gāo zhǐ dǎo yuán méi yǒu dǎ duàn léi fēng ér shì qiāo qiāo
读。这次高指导员没有打断雷锋，而是悄悄

zǒu dào léi fēng shēn hòu dī tóu kàn léi fēng zài kàn shén me shū tā
走到雷锋身后，低头看雷锋在看什么书。他

fā xiàn léi fēng bù guāng kàn hái huì zài shū de biān jiǎo xiě shàng yī
发现雷锋不光看，还会在书的边角写上一

xiē guān gǎn zuò shàng yī xiē biāo jì léi fēng cǐ shí kàn de zhè
些观感，作上一些标记。雷锋此时看的这

yè jiù xiě zhe wài yīn shì tiáo jiàn nèi yīn zuò jué dìng yào
页，就写着：……外因是条件，内因作决定，要

xiǎng qiú jìn bù zhǔ guān duō nǔ lì
想求进步，主观多努力。

kàn dào zhè xiē gāo zhǐ dǎo yuán zàn xǔ de diǎn diǎn tóu
看到这些，高指导员赞许地点点头。

dīng zi jīng shén kàn qǐ lái bù qǐ yǎn dàn zhēn zhèng zuò dào
钉子精神，看起来不起眼，但真正做到

hòu nǐ jiù huì fā xiàn qí zhōng yùn hán zhe de wú qióng lì liàng
后，你就会发现其中蕴涵着的无穷力量。

wǔ yōu liáng de zuò fēng jiān kǔ fèn dòu
五、优良的作风：艰苦奋斗

léi fēng shuō yǒu lǐ xiǎng yǒu chū xī de qīng nián rén bì dìng
雷锋说："有理想有出息的青年人必定

shì lè yú chī kǔ de rén jiù shì píng jiè zhe zhè gǔ zi gān jìn
是乐于吃苦的人。"就是凭借着这股子干劲，

léi fēng zài píng fán de gǎng wèi shàng bù bào yuàn bù qū fú zǒng
雷锋在平凡的岗位上，不抱怨，不屈服，总

shì yíng zhe kùn nán qián jìn zuò chū bù píng fán de chéng jì
是迎着困难前进，做出不平凡的成绩。

bù pà zāng bù pà lèi
不怕脏，不怕累

nián de chūn jié zhàn shì men dōu zài bù duì lǐ huān dù
1961年的春节，战士们都在部队里欢度
jiā jié dà nián chū sì yī dà zǎo lián duì de zhí bān yuán duì dà jiā
佳节。大年初四一大早，连队的值班员对大家
shuō jīn tiān shàng wǔ zǔ zhī qù hé píng jù lè bù kàn diàn yǐng
说：“今天上午组织去和平俱乐部看电影，
xiǎng qù cān jiā de tóng zhì gǎn kuài bào míng a huà yīn gāng luò
想去参加的同志赶快报名啊！”话音刚落，
dà jiā kāi shǐ huí yìng qǐ lái yǒu de shuō tài hǎo le wǒ yào
大家开始回应起来，有的说：“太好了！我要
bào míng yǒu de shuō wǒ zǎo jiù xiǎng kàn diàn yǐng le zhè xià
报名！”有的说：“我早就想看电影了，这下
kě bù néng cuò guò ya
可不能错过呀！”

hū rán yǒu rén pāi pāi léi fēng de jiān bǎng shuō dào nǐ
忽然，有人拍拍雷锋的肩膀，说道：“你
yào bù yào bào míng ya tīng shuō shì hěn jīng cǎi de diàn yǐng ne léi
要不要报名呀？听说是很精彩的电影呢！”雷
fēng xiào le xiào méi yǒu huí dá
锋笑了笑，没有回答。

cǐ shí de léi fēng xīn lǐ zhèng zhuó mó zhuó lìng wài yī jiàn shì
此时的雷锋心里正琢磨着另外一件事
qíng jīn tiān shì dà nián chū sì jiǎ qī mǎ shàng jiù yào jié shù le
情：今天是大年初四，假期马上就要结束了。

wǒ yīng gāi bǎ xiū xī shí jiān chōng fēn de lì yòng qǐ lái wèi nóng
我应该把休息时间充分地利用起来，为农
yè zuò diǎn shì qíng
业做点事情。

zuì zhōng léi fēng méi yǒu xuǎn zé qù kàn diàn yǐng ér shì dào
最终，雷锋没有选择去看电影，而是到
gōng dì fù jìn jiǎn fèn xiàn zài tí dào fèn zhè gè zì wǒ men
工地附近捡粪。现在提到“粪”这个字，我们
bì zhī bù jí gèng bié shuō huì yuàn yì qù jiǎn le dàn shì zài méi
避之不及，更别说会愿意去捡了。但是，在没
yǒu huà féi zuò wèi yǎng liào de shí hòu fèn biàn jiù shì zhuāng jià zuì
有化肥作为养料的时候，粪便就是庄稼最
hǎo de tiān rán yǎng liào
好的天然养料。

léi fēng fú zhe tuī chē dài zhe tiě qiāo hé zhú kuāng wéi zhe
雷锋扶着推车，带着铁锹和竹筐，围着
gōng dì zhuǎn le qǐ lái jiàn dào fèn biàn jiù chǎn dào tuī chē lǐ
工地转了起来，见到粪便就铲到推车里。

zhè shí hòu gāng hǎo yǒu yī wèi lǎo dà yé lù guò tā jiàn dào
这时候，刚好有一位老大爷路过。他见到
wān yāo shí fèn de léi fēng zhāng kǒu wèn dào jiě fàng jūn tóng
弯腰拾粪的雷锋，张口问道：“解放军同
zhì xīn chūn jiā jié nǐ men méi fàng jiǎ ma
志，新春佳节你们没放假吗？”

léi fēng zhuǎn guò shēn huí yīng dào fàng jiǎ le wǒ xiǎng lì
雷锋转过身，回应道：“放假了。我想利
yòng xiū xi shí jiān duō jiǎn xiē féi liào jiù suàn shì zhī yuán nóng
用休息时间多捡些‘肥料’，就算是支援农

◎雷锋雕像

mín xiōng dì ba xī wàng zhuāng jià lái nián yǒu gè hǎo shōu cheng
民兄弟吧，希望庄稼来年有个好收成。”

lǎo dà yé diǎn le diǎn tóu shuō shì a shì a zhuāng
老大爷点了点头，说：“是啊，是啊。庄
jià fēng shōu le rén mín cái yǒu liáng shí chī liáng shí fēng fù rén
稼丰收了，人民才有粮食吃。粮食丰富，人
mín shēng huó cái néng guò dé gèng hǎo a jiě fàng jūn tóng zhì nǐ
民生活才能过得更好啊！解放军同志，你
zhè me nián qīng jiù dǒng dé wèi rén mín wèi guó jiā zhuó xiǎng zhēn shì
这么年轻就懂得为人民、为国家着想，真是
nán dé ya
难得呀！”

zuò wèi zǔ guó de ér nǚ néng wèi zǔ guó zuò gòng xiàn wǒ
“作为祖国的儿女，能为祖国做贡献，我
rèn wèi shì zuì xìng fú de shì qíng léi fēng jiāo ào de shuō
认为是最幸福的事情。”雷锋骄傲地说。

lǎo dà yé kàn zhe léi fēng shāo xiǎn qīng sè de liǎn páng shuō
老大爷看着雷锋稍显青涩的脸庞，说
dào hé nǐ nián líng xiāng fǎng de nián qīng rén tā men dū xián
道：“和你年龄相仿的年轻人，他们都嫌
chòu xián zāng yǒu jǐ gè yuàn yì lái jiǎn fèn wǒ kàn ya dà jiā
臭、嫌脏，有几个愿意来捡粪？我看呀，大家
dū yīng gāi xiàng nǐ xué xí
都应该向你学习！”

tīng liǎo lǎo rén de huà léi fēng fǎn ér yǒu xiē bù hǎo yì sī
听了老人的话，雷锋反而有些不好意思
le tā xiào le xiào méi yǒu shuō huà jì xù dī tóu máng zhe shǒu
了。他笑了笑，没有说话，继续低头忙着手

zhōng de huó er zhí dào bǎ gōng dì zhōu biān de féi liào jiǎn
中的活儿。直到把工地周边的“肥料”捡

wán léi fēng tuī zhe chē zi gěi nóng mín gōng shè sòng le guò qù
完，雷锋推着车子给农民公社送了过去。

zì cóng jiě fàng hòu léi fēng de rì zi yī tiān tiān hǎo qǐ lái
自从解放后，雷锋的日子一天天好起来，

dàn shì wú lùn shēn biān de wù zhì tiáo jiàn zěn yàng biàn huà tā shǐ
但是，无论身边的物质条件怎样变化，他始

zhōng jiān chí zhe jiān kǔ fèn dòu de zuò fēng
终坚持着艰苦奋斗的作风。

jié yuē xiāng de gù shi
“节约箱”的故事

guān yú léi fēng qín jiǎn jié yuē jiān kǔ pǔ sù de shì jì yǐ
关于雷锋勤俭节约、艰苦朴素的事迹，已

jīng duō de shǔ bù shèng shǔ léi fēng cháng yǐ shēn zuò zé wèi dà
经多得数不胜数。雷锋常以身作则，为大

jiā zuò chū bǎng yàng duì dài zǔ guó de xiǎo huā duǒ men gèng shì
家做出榜样，对待祖国的“小花朵们”更是

rú cǐ
如此。

jiàn shè jiē xiǎo xué wǔ nián jí sān bān de jiào shì lǐ miàn yǒu
建设街小学五年级三班的教室里面，有

yī shàn chuāng hù de bō li huài le zhī qián tóng xué men zài
一扇窗户的玻璃坏了，之前，同学们在

chuāng kuàng shàng dīng le kuài er mù bǎn zàn shí dài tì bō li zuì
窗框上钉了块儿木板，暂时代替玻璃。最

jìn tóng xué men zhǎo lái le yī kuài bō li zhǔn bèi huàn shàng tóng
近，同学们找来了一块玻璃，准备换上。同

xué men xiān bǎ mù bǎn chāi xià lái mù bǎn shàng de dīng zi bá xià
学们先把木板拆下来，木板上的钉子拔下

lái hòu bèi tóng xué men shùn shǒu diū dào le dì shàng
来后，被同学们顺手丢到了地上。

zhè yī mù zhèng hǎo bèi gāng gāng gǎn dào zhǔn bèi bāng dà jiā
这一幕正好被刚刚赶到、准备帮大家

yī qǐ huàn bō lí de léi fēng kàn dào léi fēng kàn le kàn tóng xué
一起换玻璃的雷锋看到，雷锋看了看同学

men yòu kàn le kàn dì shàng de dīng zi
们，又看了看地上的钉子。

tóng xué men duì zì jǐ gāng cái de xíng wèi méi yǒu zài yì zhǐ
同学们对自己刚才的行为没有在意，只

shì kàn dào léi fēng shū shu yě lái le dōu hěn gāo xìng xīng fèn de gēn
是看到雷锋叔叔也来了，都很高兴，兴奋地跟

léi fēng shuō léi fēng shū shu nǐ kàn wǒ men yào huàn xīn bō li la
雷锋说："雷锋叔叔你看，我们要换新玻璃啦！"

léi fēng zǒu dào tā men shēn biān wān xià yāo jiǎn qǐ gāng cái
雷锋走到他们身边，弯下腰，捡起刚才

bèi suí shǒu rēng dào dì shàng de jǐ kē dīng zi kāi kǒu shuō dào
被随手扔到地上的几颗钉子，开口说道：

huàn bō lí shì hǎo shì a dàn shì zhè jǐ kē dīng zi hái néng
"换玻璃是好事啊，但是，这几颗钉子还能

yòng gān ma yào rēng diào
用，干吗要扔掉？"

qí zhōng yǒu gè tóng xué chǒu le yī yǎn dīng zi suí yì de
其中有个同学瞅了一眼钉子，随意地

shuō zhè yòu wān yòu pò de dīng zi néng yǒu shén me yòng
说："这又弯又破的钉子能有什么用？"

yòng chù dà de hěn léi fēng shuō zhe jiù ná qǐ fàng zài yī
"用处大得很。"雷锋说着就拿起放在一
biān de chuí zi dāng dāng dāng de chuí dǎ qǐ lái tā jiù zhè
边的锤子，"当当当"地锤打起来，他就这
yàng bǎ bèi rēng diào de wān dīng zi gěi chuí zhí le
样把被扔掉的弯钉子给锤直了。

léi fēng ná zhe biàn zhí de dīng zi kàn zhe tóng xué men shuō
雷锋拿着变直的钉子看着同学们，说：
nǐ men kàn xiàn zài shì yòu zhí yòu hǎo de dīng zi le ba
"你们看，现在是又直又好的钉子了吧。"

tóng xué men huǎng rán dà wù fǎng fó míng bái le yī xiē hěn
同学们恍然大悟，仿佛明白了一些很
zhòng yào de dào lǐ léi fēng yòu duì dà jiā shuō wǒ gěi dà jiā
重要的道理。雷锋又对大家说："我给大家
jiǎng jiǎng wǒ yǐ qián de gù shì ba shì guān yú yī gè luó sī dīng
讲讲我以前的故事吧，是关于一个螺丝钉
de gù shi
的故事。"

luó sī dīng tóng xué men yī tīng léi fēng yào jiǎng gù shi
"螺丝钉？"同学们一听雷锋要讲故事，
gè gè dū shù qǐ ěr duo rèn zhēn tīng qǐ lái
各个都竖起耳朵，认真听起来。

zhè gè gù shì fā shēng zài wǒ hái zài wàng chéng xiàn dāng gōng
"这个故事发生在我还在望城县当公
wù yuán de shí hòu yǒu yī cì xiàn wěi shū jì dài wǒ xià xiāng gōng
务员的时候。有一次，县委书记带我下乡工

zuò wǒ zǒu zhe zǒu zhe kàn dào lù shàng yǒu gè luó sī dīng yě shì
作，我走着走着，看到路上有个螺丝钉，也是

yòu pò yòu wān gēn jīn tiān de zhè xiē yī yàng wǒ dāng shí yě
又破又弯，跟今天的这些一样。我当时也

xiǎng zhè luó sī dīng kěn dìng shì méi shén me yòng de fèi pǐn jiù tái
想，这螺丝钉肯定是没什么用的废品，就抬

jiǎo bǎ tā tī yī biān qù le wǒ zhè yī jiǎo zhèng hǎo bèi xiàn wěi
脚把它踢一边去了。我这一脚，正好被县委

shū jì kàn dào tā jiù xiàng jīn tiān de wǒ yī yàng jiǎn qǐ nà kē
书记看到。他就像今天的我一样，捡起那颗

luó sī dīng bìng gào sù wǒ zhè bìng bù shì fèi pǐn hái shì kē hěn
螺丝钉，并告诉我这并不是废品，还是颗很

hǎo de luó sī dīng tā hái néng yòng zài xǔ duō dì fāng
好的螺丝钉，它还能用在许多地方……”

tóng xué men tīng le léi fēng guò qù de gù shi gāng cái jué dé
同学们听了雷锋过去的故事，刚才觉得

hái bù dà qīng chǔ de dào lǐ cǐ shí chè dǐ xiǎng míng bái le léi
还不大清楚的道理，此时彻底想明白了。雷

fēng kàn le kàn tóng xué men míng liàng yòu zhēn chéng de yǎn jing xiào zhe
锋看了看同学们明亮又真诚的眼睛，笑着

gào sù tā men xiàng zhè yàng de dīng zi wǒ de jié yuē xiāng lǐ
告诉他们：“像这样的钉子，我的节约箱里

hái yǒu hěn duō
还有很多。”

hái zǐ yī tīng zhè huà dū rāng rang zhe yào qù kàn léi fēng de
孩子一听这话，都嚷嚷着要去看雷锋的

jié yuē xiāng dāng léi fēng dǎ kāi tā de jié yuē xiāng shí
“节约箱”。当雷锋打开他的“节约箱”时，

◎雷锋的节约箱

dà jiā dū jīng dāi le xiāng zi lǐ miàn yǒu gè zhǒng gè yàng píng shí
大家都惊呆了：箱子里面有各种各样平时
tā men rèn wèi shì fèi pǐn de dōng xi dīng zi luó sī pò
他们认为是“废品”的东西：钉子、螺丝、破
yī fu yòng wán de yá gāo pí
衣服、用完的牙膏皮……

léi fēng gào sù tā men zhè xiē dōng xi zhà kàn qǐ lái dū shì
雷锋告诉他们：这些东西乍看起来都是
fèi pǐn shì lā jī dàn zhī yào yòng duì dì fang dū kě yǐ jì xù
废品、是垃圾，但只要用对地方，都可以继续
fā huī tā de zuò yòng léi fēng de jié yuē xiāng qí shí gèng xiàng
发挥它的作用。雷锋的节约箱，其实更像
shì gè bǎi bǎo xiāng
是个“百宝箱”。

◎当年雷锋辅导过的学生陈雅娟同志在"雷锋事迹大型原创摄影作品展"的现场。

léi fēng rì jì xuǎn dú
雷锋日记选读

nián
1958年

yuè rì
6月7日

rú guǒ nǐ shì yī dī shuǐ nǐ shì fǒu zī rùn le yī cùn
……如果你是一滴水，你是否滋润了一寸
tǔ dì rú guǒ nǐ shì yī xiàn yáng guāng nǐ shì fǒu zhào liàng le
土地？如果你是一线阳光，你是否照亮了
yī fēn hēi àn rú guǒ nǐ shì yī kē liáng shi nǐ shì fǒu bǔ yù le
一分黑暗？如果你是一颗粮食，你是否哺育了
yǒu yòng de shēng mìng rú guǒ nǐ shì yī kē zuì xiǎo de luó sī dīng
有用的生命？如果你是一颗最小的螺丝钉，
nǐ shì fǒu yǒng yuǎn jiān shǒu zài nǐ shēng huó de gǎng wèi shàng rú
你是否永远坚守在你生活的岗位上？如

guǒ nǐ yào gào sù wǒ men shén me sī xiǎng nǐ shì fǒu zài rì yè
果你要告诉我们什么思想，你是否在日夜

xuān yáng nà zuì měi lì de lǐ xiǎng nǐ jì rán huó zhuó nǐ yòu shì
宣扬那最美丽的理想？你既然活着，你又是

fǒu wèi wèi lái de rén lèi de shēng huó fù chū nǐ de láo dòng shǐ shì
否为未来的人类的生活付出你的劳动，使世

jiè yī tiān tiān biàn de gèng měi lì wǒ xiǎng wèn nǐ wèi wèi lái dài
界一天天变得更美丽？我想问你，为未来带

lái le shén me zài shēng huó de cāng kù lǐ wǒ men bù yīng gāi zhǐ
来了什么？在生活的仓库里，我们不应该只

shì gè wú qióng jìn de zhī fù zhě
是个无穷尽的支付者。

nián
1959年

yuè rì
10月25日

qīng chūn a yǒng yuǎn shì měi hǎo de kě shì zhēn zhèng de
青春啊！永远是美好的，可是真正的

qīng chūn zhǐ shǔ yú zhè xiē yǒng yuǎn lì zhēng shàng yóu de rén yǒng
青春，只属于这些永远力争上游的人，永

yuǎn wàng wǒ láo dòng de rén yǒng yuǎn qiān xū de rén
远忘我劳动的人，永远谦虚的人。

yī dī shuǐ zhǐ yǒu fàng jìn dà hǎi lǐ cái yǒng yuǎn bù huì gān
一滴水，只有放进大海里，才永远不会干
hé yī gè rén zhǐ yǒu dāng tā bǎ zì jǐ hé jí tǐ shì yè róng hé
涸；一个人，只有当他把自己和集体事业融合
zài yī qǐ de shí hòu cái néng zuì yǒu lì liàng
在一起的时候才能最有力量。

yuè rì
11月×日

wǒ men zài jiàn shè jiāo huà chǎng dāng zhōng zhù bù hǎo chī bù
我们在建设焦化厂当中，住不好、吃不
hǎo hé gōng zuò huán jìng bù hǎo děng zhè xiē kùn nán dōu shì zàn shí
好和工作环境不好等，这些困难都是暂时
de jú bù de kě yǐ kè fú de zhǐ yào wǒ men yǒu jiào gāo shān
的、局部的、可以克服的。只要我们有叫高山
dī tóu hé shuǐ ràng lù de qì gài shì méi yǒu zhàn shèng bù liǎo de
低头、河水让路的气概，是没有战胜不了的
kùn nán de
困难的。

◎雷锋纪念馆

nián
1960 年

yuè rì
3月 × 日

lì liàng cóng tuán jié lái zhì huì cóng láo dòng lái
力量从团结来，智慧从劳动来。

háng dòng cóng sī xiǎng lái róng yù cóng jí tǐ lái
行动从思想来，荣誉从集体来。

wǒ yào yǒng yuǎn jiè jiāo jiè zào bù duàn qián jìn
我要永远戒骄戒躁，不断前进。

yuè rì
6月5日

yào jì zhù zài gōng zuò shàng yào xiàng jī jí xìng zuì gāo de
要记住：在工作上，要向积极性最高的

tóng zhì kàn qí zài shēng huó shàng yào xiàng shuǐ píng zuì dī de tóng
同志看齐；在生活上，要向水平最低的同

zhì kàn qí
志看齐。

yuè rì
6月 × 日

dān sī bù chéng xiàn dú mù bù chéng lín yī gè rén shì bàn
单丝不成线，独木不成林。一个人是办

bù liǎo dà shì de qún zhòng de shì yī dìng yào fā dòng qún zhòng
不了大事的，群众的事一定要发动群众、
yī kào qún zhòng zì jǐ lái bàn wǒ yī dìng xū xīn xiàng qún
依靠群众自己来办。……我一定虚心向群
zhòng xué xí yǒng yuǎn zuò qún zhòng de xiǎo xué shēng zhī yǒu zhè
众学习，永远做群众的小学生。只有这
yàng cái néng zuò hǎo gōng zuò cái néng bù duàn jìn bù
样，才能做好工作，才能不断进步。

wǒ shēn qiē dì gǎn dào dāng nǐ hé qún zhòng jiāo shàng le zhī
我深切地感到：当你和群众交上了知
xīn péng yǒu shòu dào qún zhòng de yōng hù zhè yàng huì gěi nǐ dài
心朋友，受到群众的拥护，这样会给你带
lái wú qióng de lì liàng zài dà de kùn nan yě néng kè fú wú lùn
来无穷的力量，再大的困难也能克服，无论
zài shén me jiān kǔ de huán jìng zhōng dū huì shǐ nǐ gǎn dào wēn nuǎn
在什么艰苦的环境中，都会使你感到温暖
hé xìng fú
和幸福。

nián
1961年

yuè rì
1月18日

zài wǒ men qián jìn de dào lù shàng bù kě néng bù yù dào yī
在我们前进的道路上，不可能不遇到一

xiē zàn shí de kùn nan zhè xiē kùn nan de shí zhì zhǐ lǎo hǔ
些暂时的困难，这些困难的实质，“纸老虎”
ér yǐ
而已。

wèn tí shì wǒ men jiàn hǔ ér táo ne hái shì yù hǔ ér
问题是我们见虎而逃呢，还是“遇虎而
dǎ
打”？

nǎ er yǒu kùn nan jiù dào nǎ er qù bù dàn yù
“哪儿有困难就到哪儿去”——不但“遇
hǔ ér dǎ ér qiě jìn yī bù zhǎo hǔ ér dǎ zhè shì chóng
虎而打”，而且进一步“找虎而打”，这是崇
gāo de gòng chǎn zhǔ yì fēng gé
高的共产主义风格。

yuè rì
3月16日

shì jiè shàng zuì guāng róng de shì láo dòng
世界上最光荣的事——劳动。
shì jiè shàng zuì tǐ miàn de rén láo dòng zhě
世界上最体面的人——劳动者。

yuè rì
4月16日

rè qíng xiàng xióng xióng de huǒ yàn shì yī qiē de yuán dòng lì
热情，像熊熊的火焰，是一切的原动力！

yǒu le wěi dà de rè qíng cái yǒu wěi dà de xíng dòng
有了伟大的热情，才有伟大的行动！

……

yuè rì
4月×日

jǐ shí jiān dú shū zǎo qǐ diǎn wǎn shuì diǎn fàn qián fàn hòu
挤时间读书：早起点，晚睡点，饭前饭后
jǐ yī diǎn háng jūn zǒu lù xiǎng zhe diǎn wài chū kāi huì zhuā jǐn
挤一点，行军走路想着点，外出开会抓紧
diǎn xīng qī jià rì duō xué diǎn
点，星期假日多学点。

rú guǒ bù jī lěi xǔ duō gè bàn bù jiù bù néng zǒu wán qiān
如果不积累许多个半步，就不能走完千
lǐ
里。

yuè rì
10月19日

yǒu xiē rén shuō gōng zuò máng méi shí jiān xué xí wǒ rèn wéi
有些人说工作忙、没时间学习。我认为
wèn tí bù zài gōng zuò máng ér zài yú nǐ yuàn yì bù yuàn yì xué
问题不在工作忙，而在于你愿意不愿意学
xí huì bù huì jǐ shí jiān
习，会不会挤时间。

yào xué xí de shí jiān shì yǒu de wèn tí shì wǒ men shàn bù
要学习的时间是有的，问题是我们善不

shàn yú jǐ yuàn bù yuàn yì zuān
善于挤，愿不愿意钻。

yī kuài hǎo hao de mù bǎn shàng miàn yī gè yǎn yě méi yǒu
一块好好的木板，上面一个眼也没有，

dàn dīng zi wèi shén me néng dīng jìn qù ne zhè jiù shì kào yā lì yìng
但钉子为什么能钉进去呢？这就是靠压力硬

jǐ jìn qù de yìng zuān jìn qù de
挤进去的，硬钻进去的。

yóu cǐ kàn lái dīng zi yǒu liǎng gè cháng chù yī gè shì jǐ
由此看来，钉子有两个长处：一个是挤

jìn yī gè shì zuān jìn wǒ men zài xué xí shàng yě yào tí chàng
劲，一个是钻劲。我们在学习上，也要提倡

zhè zhǒng dīng zi jīng shén shàn yú jǐ hé shàn yú zuān
这种“钉子”精神，善于挤和善于钻。

yuè rì
10月20日

rén de shēng mìng shì yǒu xiàn de kě shì wèi rén mín fú wù
人的生命是有限的，可是，为人民服务

shì wú xiàn de wǒ yào bǎ yǒu xiàn de shēng mìng tóu rù dào wú xiàn
是无限的，我要把有限的生命，投入到无限

de wèi rén mín fú wù zhī zhōng qù
的为人民服务之中去……

nián
1962 年

yuè rì
2月10日

wǒ jiào de yī gè gé mìng zhě jiù yīng gāi bǎ gé mìng lì yì fàng
我觉得一个革命者就应该把革命利益放
zài dì yī wèi wèi dǎng de shì yè gòng xiàn chū zì jǐ de yī qiē
在第一位，为党的事业贡献出自己的一切，
zhè cái shì zuì xìng fú de
这才是最幸福的。

yuè rì
2月12日

yī gè gòng chǎn dǎng yuán shì rén mín de qín wù yuán yīng dāng
一个共产党员是人民的勤务员，应当
bǎ bié rén de kùn nan dāng chéng zì jǐ de kùn nan bǎ tóng zhì de
把别人的困难当成自己的困难，把同志的
yú kuài kàn chéng shì zì jǐ de xìng fú
愉快，看成是自己的幸福。

yuè rì
2月26日

guò qù wǒ shì gū kǔ líng dīng de qióng guāng dàn
过去，我是孤苦伶仃的穷光蛋。

xiàn zài wǒ shì yī gè guāng róng de gòng chǎn dǎng yuán guó
现在，我是一个光荣的共产党员，国
jiā de zhǔ rén
家的主人。

jiāng lái wǒ yǒng yuǎn shì dǎng de zhōng shí ér zi rén mín de
将来，我永远是党的忠实儿子，人民的
qín wù yuán
勤务员。

yuè rì
4月4日

yǒu rén shuō rén shēng zài shì chī hǎo chuān hǎo wán hǎo shì
有人说：人生在世，吃好、穿好、玩好是
zuì xìng fú de
最幸福的。

wǒ jiào dé rén shēng zài shì zhī yǒu qín láo fā fèn tú qiáng
我觉得人生在世，只有勤劳，发奋图强，
yòng zì jǐ de shuāng shǒu chuàng zào cái fù wèi rén lèi de jiě fàng
用自己的双手创造财富，为人类的解放
shì yè gòng chǎn zhǔ yì gòng xiàn zì jǐ de yī qiē zhè cái shì
事业——共产主义贡献自己的一切，这才是
zuì xìng fú de
最幸福的。

léi fēng shī gē
雷锋诗歌

nán lái de yàn zi a
南来的燕子啊

nán lái de yàn zi a
南来的燕子啊！
ràng wǒ gào sù nǐ ba
让我告诉你吧，
tuán shān hú zhè piàn wèi kāi kěn de chù nǚ dì
团山湖这片未开垦的处女地，
shì yóu yú dǎng de jù dà de lì liàng
是由于党的巨大的力量，
cái wéi kěn chéng yī gè xīn de nóng chǎng
才围垦成一个新的农场。
shì tā men nóng chǎng de gōng rén men
是他们——农场的工人们，
yòng qín láo de shuāng shǒu
用勤劳的双手，

gěi tuán shān hú huàn shàng le xīn zhuāng
给团山湖换上了新装。

nán lái de yàn zi a
南来的燕子啊!

yě xǔ mǔ yàn céng xiàng nǐ shuō guò jiù shí de xíng xiàng
也许母燕曾向你说过旧时的形象。

wǎng rì de tuán shān hú
往日的团山湖——

hú cǎo cóng shēng mǎn mù huāng liáng
湖草丛生,满目荒凉,

hóng shuǐ yī dào yī piàn wāng yáng
洪水一到,一片汪洋,

shí nián qián yǒu rén sān cì shōu kuǎn sān bǎo sī náng
十年前有人三次收款,三饱私囊,

wéi kěn tuán shān hú zhǐ shì yī gè mèng xiǎng
围垦团山湖只是一个梦想。

rú jīn de tuán shān hú a
如今的团山湖啊——

liáng tián wàn qǐng mǎn lǒng jīn huáng
良田万顷,满垄金黄,

wēi fēng chuī guò yī piàn dào xiāng
微风吹过,一片稻香。

xīn xiū de cháng dī xiàng tiě bì tóng qiáng
新修的长堤像铁壁铜墙,

hóng shuǐ yǐ zài bù néng chèng xiōng chěng kuáng
洪水已再不能称凶逞狂。

hóng qí chā zài shè huì zhǔ yì de nóng chǎng
红旗插在社会主义的农场,

dào chù shì gǔ mǎn cāng　yú mǎn cāng
到处是谷满仓、鱼满舱，

zǔ guó yòu tiān le yī gè　yú mǐ zhī xiāng
祖国又添了一个“鱼米之乡”。

nán lái de yàn zi a
南来的燕子啊！

nǐ kě bù yòng jīng dāi
你可不用惊呆。

bù shì qíng tiān lǐ xiǎng qǐ le chūn léi
不是晴天里响起了春雷，

ér shì tuō lā jī zài lóng lóng de kāi
而是拖拉机在隆隆地开；

bù shì gōu qú lǐ de shuǐ néng dào liú
不是沟渠里的水能倒流，

ér shì chōu shuǐ jī zài bǎ jī shuǐ pái
而是抽水机在把积水排。

wèi shén me cǎo píng shàng gé wài xuān téng
为什么草坪上格外喧腾？

nà shì sì yǎng yuán zài mù mǎ fàng niú
那是饲养员在牧马放牛！

nán lái de yàn zi a
南来的燕子啊！

nǐ shì zhè yàng qīng kuài de fēi xiáng
你是这样轻快地飞翔，

xǔ shì xīn shǎng zhè měi lì de jǐng xiàng
许是欣赏这美丽的景象：

wān yán de bā qū hé xiàng yī tiáo bái yín guǎn
蜿蜒的八曲河像一条白银管，

guàn gài zhè piàn féi wò de tǔ dì
灌溉这片肥沃的土地，

tuán shān hú yǔ wū shān duì zhì
团山湖与乌山对峙，

shì tiān shēng chéng de yī fú píng zhàng
是天生成的一幅屏障。

zhè jǐng xiàng shì shī qíng yě shì huà yì
这景象是诗情也是画意，

huó yuè zài zhè shī huà bān huái bào lǐ de gōng rén
活跃在这诗画般怀抱里的工人，

gèng shì xiē shēng lóng huó hǔ bān de jiàn jiàng
更是些生龙活虎般的健将。

yǒu de shì shuāng shǒu ná guàn le chú tóu
有的是双手拿惯了锄头，

yǒu de shì cái fàng xià bǐ gǎn cái fàng xià qiāng
有的是才放下笔杆才放下枪。

tā men háo mài de zhè yàng shuō
他们豪迈地这样说：

zhè shì yī suǒ xīn de guó yíng nóng chǎng
这是一所新的国营农场，

yě shì yī suǒ lù tiān gōng chǎng
也是一所露天工厂，

hái shì yī gè péi yǎng hóng tòu zhuān shēn rén cái de xué táng
还是一个培养红透专深人才的学堂。

……

nán lái de yàn zi a
南来的燕子啊！

nǐ bù yòng zài xún jiù shí dài de wū liáng
你不用再寻旧时代的屋梁，

wú lùn nǐ fēi dào nǎ lǐ
无论你飞到哪里，

zài yě zhǎo bù zháo nǐ cóng qián zhù guò de dì fāng
再也找不着你从前住过的地方。

qù nián zhè lǐ shì huāng liáng de dì fāng
去年这里是荒凉的地方，

jīn nián biàn chéng le gāo dà de chǎng fáng
今年变成了高大的厂房，

huān yíng nǐ dào xīn de nóng chǎng sù shè lái bài fǎng
欢迎你到新的农场宿舍来拜访。

dàn dé qǐng nǐ gào sù wǒ
但得请你告诉我，

nǐ kě zhī dào nǐ suǒ fēi guò de dì fāng
你可知道你所飞过的地方，

……

xīn jiàn le duō shǎo zhè yàng de nóng chǎng
新建了多少这样的农场？

nián yuè rì
（1958年8月1日）

yī jiā rén

一家人

sōng bǎi shù gēn lián gēn
松柏树，根连根，
shí liú jié zǐ xīn lián xīn
石榴结籽心连心，
jiě fàng jūn hé lǎo bǎi xìng
解放军和老百姓，
běn lái jiù shì yī jiā rén
本来就是一家人。

nián
（1960年）

wǒ kě ài de gōng chǎng

我可爱的工厂

qì dí duì zhe chū shēng de zhāo yáng
汽笛，对着初生的朝阳，
qíng bù zì jìn de gāo shēng gē chàng
情不自禁地高声歌唱，
yíng jiē yīng zī huàn fā de gōng rén zǒu jìn gōng chǎng
迎接英姿焕发的工人走进工厂。

a gāng tiě de xīn zàng ān gāng
啊，钢铁的心脏——鞍钢，

wèi le zǔ guó de gōng yè huà
为了祖国的工业化，

nǐ yǒng yuǎn bù zhī pí juàn de fán máng
你永远不知疲倦地繁忙。

nǐ nà gāo dà de chǎng fáng
你那高大的厂房，

jiàn zhù zài shù shí lǐ de tǔ dì shàng
建筑在数十里的土地上。

hóng tóng tóng de tiě liú
红彤彤的铁流，

xiàng gǔn gǔn de cháng jiāng shuǐ yī yàng
向滚滚的长江水一样，

zhòu yè bù tíng de bēn máng
昼夜不停地奔忙。

rú guǒ shéi yào shì zài yuǎn chù wàng
如果谁要是在远处瞭望，

jiù néng kàn dào ān gāng quán bù de jǐng xiàng
就能看到鞍钢全部的景象：

cóng sēn lín bān de dà yān cōng lǐ
从森林般的大烟囱里，

tǔ chū yī gǔ gǔ hēi hēi de nóng yān
吐出一股股黑黑的浓烟。

yè wǎn xiàng wú shù tiáo huǒ lóng zài shǎn shǎn fā liàng
夜晚像无数条火龙在闪闪发亮，

bǎ nóng yān yìng de xiàng wǔ cǎi bīn fēn de cǎi yún yī yàng
把浓烟映得像五彩缤纷的彩云一样。

zài zhè nóng yān xià miàn
在这浓烟下面，

jiù shì wǒ men gōng zuò de chǎng fáng
就是我们工作的厂房。

ya zhēn fǎng rú shén huà bān de tiān táng
呀！真仿如神话般的天堂，

zhè lǐ de gōng chǎng zhǔ rén
这里的工厂主人，

dū zài rì yǐ jì yè de fán máng
都在日以继夜地繁忙，

rè qíng dì gē chàng
热情地歌唱。

gē chàng wǒ men de xīn shēng lì liàng
歌唱我们的新生力量，

gē chàng wǒ men de chǎng fáng
歌唱我们的厂房——

ān gāng jiāo huà chǎng
鞍钢焦化厂。

nián yú ān gāng
——1959年于鞍钢